Holidays with Vampires

Holidays with Vampires

Autorin: Gabi Neumayer

Muttersprachliches Korrektorat:
Context Gesellschaft für Sprach- und Mediendienste mbH
Lektorat: Silke Schneider
Satz: Noch & Noch
Covergestaltung: Marlies Müller
Coverillustration: Hauke Kock

Printed in EU

ISBN 978-3-8427-0010-9

www.tandem-verlag.de

Die Sonnenbrillen-Mafia

Dani zog schwitzend ihren schweren Koffer durch die fast leere Ankunftshalle des Londoner Flughafens Gatwick. Puh, war das heiß!

Draußen war es auch immer noch nicht ganz dunkel, obwohl die große Flughafenuhr schon kurz vor zehn anzeigte, weil Danis Flug stundenlang Verspätung gehabt hatte. Kein Wunder, dass hier nichts mehr los war. Hoffentlich wartete ihre Gastfamilie noch auf sie!

Sie war schrecklich gespannt auf die Carpenters. Engländer sollten ja ziemlich merkwürdig sein, das hatten in der Schule alle erzählt. Sie tranken zu jeder Tages- und Nachtzeit Tee, manche liefen mit altertümlichen Perücken durch die Gegend (bei Gericht) oder mit riesigen Hüten (beim Pferderennen). Außerdem übten sie Sportarten aus, die niemand außer ihnen verstand, aßen merkwürdige Sachen, die sie in ihren „pies" unter einer Teigschicht versteckten, und sangen Lieder über ihre Königin.

Aber andererseits war Robbie Williams ebenfalls Engländer. Und Harry Potter auch. Und darum hatte Dani beschlossen: Selbst wenn ihre Gastfamilie den ganzen Tag lang nur Tee trank, Kricket spielte und über die Queen redete, würde sie ihre Ferien genießen. Und was das Essen anging: Dani war da nicht zimperlich. Außer blutigen Steaks – igitt! – aß sie so ziemlich alles.

Aber jetzt musste sie ihre Gastfamilie erst einmal finden! Dani hastete vorwärts. Ihre Brille war von der feuchten Hitze beschlagen, und so bemerkte sie die drei dick vermummten Gestalten erst, als sie direkt vor ihr standen.

Sie sahen aus, als wären sie einem Mafia-Film entsprungen: Die großen Sonnenbrillen verdeckten ihre Gesichter fast ganz, und sie trugen lange schwarze Mäntel, die fast bis auf den Boden reichten. Der Mann hatte außerdem einen altmodischen Hut aufgesetzt, die Frau einen ausladenden Sombrero, und das Mädchen hatte sich eine Schirmmütze mit der Aufschrift „Phantom of the Opera" über die langen schwarzen Haare gezogen.

So seltsam sie auch aussahen, die Schirmmütze beruhigte Dani irgendwie. Wenn dieses Mädchen Musicals genauso gern mochte wie sie, dann konnten die Ferien ja eigentlich nur gut werden.

Der Mann sprach zuerst:

„Thou art[1] Dani, aren't thou? I'm very pleased to meet you."

Dani war so verdutzt darüber, wie komisch er redete, dass sie erst einmal nicht antworten konnte.

Das Mädchen stieß ihren Vater in die Seite und sagte:

„Hi, I'm Katie and these are my parents, Joanna and Will. Dad loves Shakespeare, as you already might have noticed[2]", fügte sie mit einem Seitenblick zu ihrem Vater hinzu.

Exercise 1

Lückenbüßer. Weißt du, wie man die Demonstrativpronomen *this* und *that* (Singular) und *these* und *those* (Plural) im Englischen richtig verwendet? Fülle die Lücken in den folgenden Sätzen.

1. _______ *book here is mine.*
2. _______ *books here are mine.*
3. *I like* _______ *shoes over there.*
4. _______ *was a nice day yesterday, wasn't it?*
5. *I take* _______ *cookie here and you take* _______ *one.*

„Hi", mehr brachte Dani nicht heraus, da ergriff Joanna Carpenter schon ihren Arm mit beiden Händen – die in schwarzen Spitzenhandschuhen steckten – und rief:

1 thou art: du bist / Sie sind *(altertümlich)* 2 to notice: bemerken

„My goodness[3], dear, what has happened to you?!"

„I don't know ...", begann Dani verdutzt, aber Joanna unterbrach sie gleich wieder:

„These glasses[4], why do you have to wear them? I mean, did the sun ..."

Nun bekam Joanna von Katie einen heftigen Knuff in die Seite. Sie sah ihre Tochter gekränkt an (das konnte Dani trotz der Sonnenbrille erkennen), sagte aber nichts mehr.

Exercise 2

Unregelmäßigkeiten. Viele Verben im Englischen – vor allem solche, die oft gebraucht werden – werden unregelmäßig gebildet, zum Beispiel: *send – sent – sent*. Setze in der folgenden Liste die fehlenden Verbformen ein.

Infinitive	***Simple Past***	***Past Participle***
beat		*beat, beaten*
	was, were	
		broken
give		
	spoke	

Dani verkniff es sich, darauf hinzuweisen, dass eine Sonnenbrille abends in einem Flughafen um einiges merkwürdiger war als eine ganz normale Brille. Nein, sie war jetzt in England, und sie hatte sich fest vorgenommen,

3 my goodness: du meine Güte 4 glasses: Brille

die Engländer mit ihren Sitten und Gebräuchen ganz unvoreingenommen zu betrachten. Auch wenn das wohl nicht so leicht werden würde, wie sie gedacht hatte.

Katie schien es jedenfalls ziemlich unangenehm zu sein, wie ihre Eltern sich benahmen. Sie war es auch, die sich nun Danis Koffer schnappte und sagte:

„Let's go then."

Soweit Dani es beurteilen konnten, lächelte Will Carpenter sie hinter seiner Brille freundlich an. Sie lächelte zurück und schloss zu Katie auf. Auch wenn ihre Bekanntschaft etwas holprig begonnen hatte, würde alles noch toll werden bei den Carpenters, da war Dani sich sicher.

Doch kurz darauf hörte sie, wie Joanna Carpenter ihrem Mann zuflüsterte:

„Maybe they've sent us the wrong girl ..."

„You shouldn't condemn[5] her without convincing evidence[6], my dearest Joanna", sagte Will. „Her wearing glasses doesn't mean that she is a ..."

Das nächste Wort murmelte Will so leise, dass Dani es nicht verstehen konnte.

„We must be very careful", sagte Joanna nun streng zu ihrem Mann. „And I'll call the agency first thing tomorrow morning."

Dani hatte plötzlich einen Kloß im Hals. Wollten die Carpenters sie schon wieder loswerden?!

Dani hatte keine Ahnung, ob Katie etwas von dem Gespräch ihrer Eltern mitbekommen hatte. Sie klang jedenfalls ganz fröhlich, als sie sagte: „We'll have a lot of fun, don't you think?[7]" Aber noch bevor Dani antworten konnte, zog Joanna ihre Tochter energisch beiseite und begann leise auf sie einzureden. Dani verstand nur „not one of us".

Sie packte ihren kleinen Rucksack fester und stapfte allein weiter, durch den nächtlichen Flughafen, der bis auf ein buntes Hippiepärchen mit einem

5 to condemn: verurteilen 6 convincing evidence: überzeugende Beweise 7 don't you think?: meinst du / meinen Sie nicht auch?

bunten und einem ganz in Schwarz gekleideten Mädchen völlig leer war. Das Mädchen in Schwarz wirkte verloren, und Dani dachte kurz, dass sie mit ihr tauschen sollte. Sie schien besser zu den Carpenters zu passen als Dani …

Sie war froh, dass Will sie nicht ansprach, als er zu ihr aufschloss. Sonst hätte sie wohl einfach losgeheult.

Kreaturen der Nacht

Exercise 3

Wörtersuche. Findest du in diesem Kapitel die englischen Entsprechungen zu den folgenden deutschen Wörtern?

gemein, Nonnen, furchtbar, verloren, Vergleich, Film, großartig

Die Fahrt in den Londoner Vorort, wo die Carpenters wohnten, war dann aber doch nicht so schlimm.

Die Sonne war inzwischen untergegangen, und die Carpenters hatten endlich ihre Sonnenbrillen und auch die Hüte abgelegt. Joanna fuhr, und Will lächelte die ganze Zeit, wenn auch ein wenig verkrampft.

„Dad hates automobiles, he doesn't even have a driving license[8]", flüsterte Katie Dani kichernd zu.

Dani hat im Auto als Erstes eine SMS an ihre Eltern geschrieben. Dann hatte es noch etwa zehn Sekunden gedauert, bis sie und Katie herausgefunden hatten, dass sie beide auf Musicals standen.

Dani hatte Katie nach ihrer Schirmmütze gefragt. Klar, es musste nichts bedeuten, dass da „Phantom of the Opera" drauf stand. Vielleicht hatte Katie die Mütze geschenkt bekommen und fand sie einfach praktisch. Zu ihrem schwarzen Outfit passte sie ja bestens. Aber wie sich herausstellte, war Katie tatsächlich ein großer Musical-Fan.

Allerdings waren die beiden geteilter Meinung, welches das beste Musical war.

„But you have to admit[9] that Whoopy Goldberg is just great in the movie!", sagte Dani.

8 driving licence: Führerschein 9 to admit: zugeben

Katie lachte. „If you're crazy about[10] nuns[11], 'Sister Act' definitely isn't too bad, but it pales[12] in comparison with 'Phantom of the Opera'!"

Dani war empört. „Better nuns than nasty[13], whiny[14] creatures of the night!", sagte sie.

Joanna schnaubte hinterm Lenkrad. Will legte ihr beschwichtigend eine Hand auf den Arm.

Katie sah Dani erst verblüfft an, dann lachte sie. Und dann schaute sie Dani mit einem hypnotisierenden Blick tief in die Augen und begann mit schrecklicher, durchdringender Stimme zu singen:

„The phantom of the opera is there inside your mind."

Exercise 4

Adjektive steigern. Setze die fehlenden Steigerungsformen der Adjektive ein. Zum Beispiel: ***good – better – best.***

bad		*worst*
	friendlier	
		nicest
funny		
	more patient[15]	

Einen Augenblick lang war Dani zu entsetzt über den furchtbaren Gesang, um zu reagieren: Katies Stimme hatte geklungen wie eine grässlich knarzende Tür in einer hallenden Kathedrale. „That's horrible[16]!", rief Dani und schüttete sich aus vor Lachen.

10 to be crazy about something: auf etwas abfahren 11 nun: Nonne 12 to pale: verblassen 13 nasty: gemein, böse 14 whiny: weinerlich 15 patient: geduldig 16 horrible: entsetzlich, fürchterlich

„See[17], Mum?“, sagte Katie triumphierend zu ihrer Mutter. „She's one of us! She definitely hasn't lost her …“

„Hush[18]!“, zischte Joanna.

„I'm definitely not one of you!“, protestierte Dani entrüstet. „I can sing much better!“ Damit brachte sie sogar Joanna Carpenter zum Lachen.

„Ay[19]!“, rief Will und stimmte „My bonny[20] is over the ocean“ an. Alle sangen mit. Es klang furchtbar.

Vielleicht war Will früher Seemann, schoss es Dani durch den Kopf. Das würde seine merkwürdige Sprache erklären. Seeleute benutzten ja lauter komische Wörter wie „achtern“ und „dichtholen“.

Aber sie kam nicht dazu, Will danach zu fragen. Denn irgend jemand stimmte immer wieder ein neues Lied an. Und so ging es weiter, bis sie beim Haus der Carpenters ankamen.

17 see?: siehst du?/sehen Sie? 18 hush!: pssst!, sei still! 19 ay: ja *(altertümlich)* 20 bonny: Hübsche/r

13

Andere Länder, andere Sitten

Es war fast Mitternacht und stockdunkel, als sie Crow Hill erreichten. Keine Lampe beleuchtete ihren Weg, als sie durch das Gartentor und den dunklen Weg entlang zum Haus oder besser: zum Anwesen der Carpenters gingen. Und so war es kein Wunder, dass Dani stolperte.

Katie hakte sie sofort unter, und Dani entging nicht, dass sie dabei schnell zu Joanna hinüberschaute. So als dürfte Joanna nicht sehen, dass Dani gestolpert war. Offenbar hatte Katies Mutter nicht nur etwas gegen Brillen, sondern auch gegen ungeschicktes Verhalten …

Obwohl es stockdunkel war, fand Will auf Anhieb das Schlüsselloch. Sie betraten das große Haus – aber niemand knipste Licht an. Stattdessen nahm Katie ein Feuerzeug aus einer rosenverzierten Keramikschale auf einem Tischchen gleich neben der Tür und entzündete mehrere Kerzen. Sie beleuchteten den Flur und das angrenzende Wohnzimmer nur schwach, aber das reichte, um Dani ein erstauntes „Huch!“ zu entlocken.

Sie hatte zu Hause verschiedene englische Zeitschriften studiert und war dadurch auf einiges vorbereitet gewesen: altertümliche Blümchentapeten, geschnitzte Holzmöbel und düstere Ölgemälde von edlen Pferden oder der Queen. Aber so etwas wie die Inneneinrichtung der Carpenters hatte sie noch nicht einmal in ihrem Alptraum in der letzten Nacht vor ihrem Aufbruch nach England gesehen:

Eine Blümchentapete gab es tatsächlich, beige mit rosa Rosen. Aber dann: Auf dem Parkettboden lag ein schriller knallgrüner Läufer mit großen Kreisen in Schwarz und Orange drauf. So was hatte Dani mal auf Fotos ihrer Großeltern aus den Sechzigerjahren gesehen. Die Garderobe, an der die Carpenters jetzt ihre schwarzen Mäntel aufhängten, schien dagegen aus einem früheren Jahrhundert zu stammen. Zierlich geschnitzte Holzranken schlangen sich um Streben, die kunstvoll mit Blattgold geschmückt waren.

Durch die offene Tür zum Wohnzimmer konnte Dani einen uralten Flügel sehen, dessen Lack schon abblätterte, und direkt daneben stand eine futuristisch aussehende Stereoanlage.

„Five centuries[21] of memories[22]“, sagte Will voller Stolz.

Exercise 5

Eine Frage der Zeit. Die folgenden Wörter sind allesamt Zeitbegriffe. Kannst du die englischen Wörter ihren deutschen Entsprechungen zuordnen? Verbinde die Wortpaare mit Strichen.

century	*Sekunde*
day	*Jahrzehnt*
week	*Jahrhundert*
fortnight	*Jahrtausend*
decade	*Tag*
millennium	*Woche*
second	*zwei Wochen*

Joanna hüstelte. „He's not able to throw away[23] anything“, sagte sie.

„And why should I?“, wunderte sich Will. „Everything becomes fashionable again if you only have the patience[24] to wait for a century or two …“

„Decade[25]“, unterbrach ihn Joanna scharf.

„Now, come in, Dani“, sagte Katie und schob Dani vor sich her in die Küche. „I could eat a whole cow!“ Sie öffnete den Kühlschrank.

Das mit der Kuh war nicht einfach so dahergesagt: In dem Kühlschrank lagerten, alle in durchsichtige Folie verpackt, bestimmt so an die fünfzig Steaks!

21 century: Jahrhundert 22 memory: Erinnerung 23 to throw away: wegwerfen 24 patience: Geduld
25 decade: Jahrzehnt

„I'm not hungry", brachte Dani nur mit Mühe heraus. Sie hoffte, dass sie nicht allzu angewidert klang. Aber wenn sie irgendetwas auf der Welt nicht mochte, dann waren es blutige Steaks.

„Do you want to drink something, then?" Katie deutete auf etwa zwanzig Flaschen, die alle mit Flüssigkeiten in verschiedenen Rottönen gefüllt waren. „We have redcurrant juice[26], blackcurrant juice[27], raspberry juice[28] …"

Sie zählte immer noch Säfte auf, als Will in die Küche kam. Aber auch, als Dani mit ihrer Aufzählung am Ende war, sagte Dani nichts. Sie war schlichtweg sprachlos.

Da klopfte Will ihr aufmunternd auf die Schulter und sagte:

„Methinks[29] that Dani is kind of old-fashioned and prefers[30] the real stuff[31], am I right?"

„You mean … tea?", fragte Dani verwirrt. Und es verwirrte sie noch mehr, als Will und Katie in schallendes Gelächter ausbrachen.

„Tea!", kreischte Katie und hielt sich den Bauch vor Lachen. „You're incredible, Dani!"

Exercise 6

Buchstabensalat. In den folgenden englischen Wörtern zum Thema *Getränke* sind die Buchstaben völlig durcheinandergeraten. Kannst du sie wieder in die richtige Reihenfolge bringen und auch übersetzen?

1. *ate* ________________
2. *lonemade* ________________
3. *efefco* ________________
4. *tho talehoocc* ________________
5. *licktaco* ________________

26 redcurrant juice: Johannisbeersaft von roten Johannisbeeren 27 blackcurrant juice: Johannisbeersaft von schwarzen Johannisbeeren 28 raspberry juice: Himbeersaft 29 methinks: mir scheint *(altertümlich)* 30 to prefer: bevorzugen 31 stuff: Zeug

Dani entschied sich für einen Himbeersaft. Offenbar war es nur ein Vorurteil, dass die Engländer unentwegt Tee tranken.

Kein Vorurteil war jedoch, dass sie ihre Steaks gern blutig aßen, man nannte das ja nicht umsonst „englisch". Dani nippte an ihrem Saft und versuchte, nicht hinzusehen, während Will ein halbes Dutzend der großen Fleischstücke briet. Das heißt, er briet sie nicht wirklich, sondern warf sie nur kurz in die heiße Pfanne, schwenkte die Pfanne, so dass die Steaks durch die Luft flogen und sich dabei drehten, und ließ sie, kaum dass sie wieder in der Pfanne gelandet waren, auf die Teller gleiten.

Gegessen – oder besser: verschlungen – wurden die fast noch zuckenden Fleischstücke im Wohnzimmer, an einem gigantischen Holztisch.

Dani betrachtete die Carpenters. Lag es nur am Kerzenlicht, oder waren sie wirklich sehr blass? Katies grüne Augen leuchteten regelrecht in ihrem hübschen Gesicht. Die Augen, die feinen Züge und das glatte Haar hatte sie offensichtlich von ihrem Vater geerbt. Joanna war ebenso schön wie ihre Tochter, aber ihre Augen glänzten nachtblau, und in ihren schwarzen Locken waren die ersten weißen Strähnen zu sehen.

Joanna schaute von ihrem Steak auf. Für einen Moment hatte Dani das Bild eines Wolfes vor Augen, der die Beute, die er gerissen hat, gegen einen Angreifer verteidigt – dann war es wieder verschwunden.

Jede Menge Holz

Dani senkte ihren Blick. Es war unhöflich, die Carpenters beim Essen so anzustarren.

Der Esstisch, das bemerkte sie jetzt erst, war voller Kerben. Aber nicht nur das: Es waren auch Wörter eingeritzt. Vielleicht hatte der Tisch früher einmal in einer Schule gestanden? Das meiste konnte Dani nicht entziffern, aber einiges war lesbar. „J + W" stand da zum Beispiel in einem Herz. Ob es Zufall war, dass das die Anfangsbuchstaben der Carpenter-Eltern waren? Wahrscheinlich schon, dachte Dani, als sie an einer anderen Stelle ein Datum entdeckte: „1 May 1603, still drunk", stand da. Vielleicht hatte der Tisch doch eher in einer Kneipe gestanden als in einer Schule. Vor über vierhundert Jahren!

Exercise 7

Wie viel? *Much, many, a few, a little*: Setze in die folgenden Sätze jeweils das richtige Wort ein.

1. *How __________ CDs do you have?*
2. *There's not __________ milk left in the bottle.*
3. *She has only __________ money left.*
4. *She has only __________ euros left.*
5. *How __________ money have you got?*

Als Dani ihren Saft abstellte, entdeckte sie etwas, das man leicht übersehen konnte, so klein war es geschrieben. Oder vielmehr: geschnitzt. Dani beugte sich hinunter und las:

That time of year thou mayst in me behold
When ~~golden~~ yellow leaves, or none, or few, do hang
Upon those ~~trees~~ boughs …[32]

Das schien der Anfang eines Gedichts zu sein, und es gefiel Dani, obwohl sie nicht alles verstand. Wie es wohl weiterging? Sie würde morgen danach fragen, jetzt war sie einfach zu müde …

Dani gähnte laut. Alle drei Carpenters unterbrachen ihr Gelage und starrten sie an.

„I'm sorry", sagte Dani. „It's just, it's been a long day …"

Erstaunlicherweise war es Joanna, die sofort Verständnis zeigte.

„You must be dead tired[33], dear!", rief sie. „I didn't understand in the first place[34] why you had to take such an early flight."

So früh war das gar nicht gewesen: Dani hatte um vier am Flughafen sein müssen. Aber sie wollte Joanna Carpenter auf keinen Fall widersprechen, wo sie doch zum ersten Mal etwas Freundliches zu ihr gesagt hatte. Also zuckte sie nur die Achseln und stand auf.

Will erhob sich sofort und zog galant Danis Stuhl zurück. Sie musste grinsen. Ein echter englischer Gentleman! Seine altertümliche Kleidung passte wunderbar zu ihm: Leinenhose, weißes Pluderhemd und Samtweste.

Jetzt stand auch Katie auf.

„I'll show you to our room."

Nun sprang Joanna wie von der Tarantel gestochen in die Höhe. Ihr bodenlanges schwarzes Kleid schmiegte sich wie ein lebendiges Wesen an sie.

„I think, it would be better if Dani had a room to herself tonight!"

32 *aus dem Sonett 73 von Shakespeare, übersetzt von Dorothea Tieck:* „In jener Jahreszeit steht jetzt mein Leben/Wo gelbe Blätter, einzeln, wen'ge hangen/An dürren Ästen …" 33 dead tired: todmüde 34 in the first place: von vornherein

„But, Mum ...“, protestierte Katie, aber Joanna schnitt ihr das Wort ab:

„The both of you'll have plenty of time to gabble[35] tomorrow. After I've called the agency ...“, fügte sie leise murmelnd hinzu. Dann sagte sie, wieder lauter: „Just give me two minutes to prepare[36] your room, dear“, und schon rauschte sie die Treppe zum Obergeschoss hinauf.

Dani konnte mittlerweile kaum noch die Augen offen halten. Sie schaute auf die Chrom-Uhr über dem Klavier – sie hatte die Form eines Spinnennetzes, und auf dem Minutenzeiger hockte die Spinne – und erschrak: Schon halb drei! Schnell lief sie hinter Joanna die Treppe hinauf.

„Wait for me!“, rief Katie.

Dani sah nach unten. Katie hatte Danis schweren Koffer mit einer Hand gepackt und lief damit die Treppe hoch, als würde sie nicht mehr als eine Tüte Chips tragen. Dani rieb sich die Augen. Da hörte sie ein Klappern gleich neben sich. Sie drehte sich um – und da stand Joanna Carpenter direkt vor ihr. Sie starrte Dani an. Und Dani starrte auf das riesige Holzbrett in Joannas Armen.

Joanna sah das Brett nun ebenfalls an, und zwar so, als wäre sie total überrascht, es zu sehen. Sie ächzte und ließ es zu Boden krachen.

„Will, will you help me, please? This ... cabinet door[37] is way too[38] heavy for a weak[39] woman like me!“ Zu Dani gewandt, fügte sie hinzu: „We've stored[40] this ... door in your room, but now you should have enough space for your belongings[41].“

„Thank you“, sagte Dani tonlos.

Will eilte die Treppe hinauf, hob die Schranktür mit einer Hand hoch und deutete mit der anderen auf eine Zimmertür am Ende des Flurs.

„Thither[42]“, sagte er.

Bestimmt ist das wieder so ein Seemannswort, dachte Dani, und es bedeutet vermutlich ...

„This way“, sagte Katie und schob Dani in das Zimmer.

35 to gabble: plaudern, quatschen, schwatzen 36 to prepare: vorbereiten 37 cabinet door: Schranktür 38 way too: viel zu 39 weak: schwach 40 store something: etwas lagern 41 belongings: Hab und Gut, persönliche Sachen 42 thither: dorthin (*altertümlich*)

Dani bemerkte im schummrigen Kerzenlicht nur noch, dass ihr Bett wie eine Holztruhe aussah, der der Deckel fehlte. Dann ließ sie sich auf die Matratze sinken, zog sich die wunderbar weiche, nach Lavendel duftende Decke über den Kopf und dachte als Letztes, bevor sie einschlief: Wirklich merkwürdig, diese Engländer!

Exercise 8

Present Perfect. Setze in den folgenden Sätzen das Verb im Present Perfect ein.
Zum Beispiel: *They ___________ (see) him. → They've seen him.*

1. *We ___________ (live) in Cologne since 2005.*
2. *The Carpenters ___________ (be waiting) for quite a while for Dani at the airport.*
3. *___________ the Carpenters ___________ (be waiting) at the airport?*
4. *The Carpenters ___________ (store) doors in Dani's room.*
5. *Joanna ___________ (plan) to call the agency.*

Der Nachbarsjunge

Dani saß, von Kopf bis Fuß gefesselt, vor einem haushohen Heizlüfter. Er glühte feuerrot und blies ihr unentwegt wüstenheiße Luft entgegen. Dani versuchte sich von ihren Fesseln zu befreien, aber dadurch schwitzte sie nur noch mehr. In der Ferne sah sie Katie und Joanna, die eine riesige Holztür wie ein Frisbee zwischen sich hin und her warfen. Will stand daneben und feuerte sie an: „Hither[43]! Thither!"

Dani wollte um Hilfe rufen, aber die Fesseln hatten sich auch um ihren Mund gewickelt …

Sie fuhr hoch. Gott sei dank, nur ein Traum! Aber ganz so absurd, wie er schien, war er nicht: Dani hatte in der Nacht offenbar so viel gestrampelt, dass sich ihre Decke tatsächlich wie eine riesige Fessel um ihren Körper gewickelt hatte.

Sie wickelte sich aus und kletterte aus dem seltsamen Holzbett. Im Zimmer war es stockdunkel, aber Dani fühlte sich ausgeschlafen. Im Dunkeln tastete sie sich zu ihrem Rucksack und zog das Handy hervor.

13:32 Uhr.

Dani tastete sich zum Fenster vor und zog an dem Band des Rollladens. Die Sonne stach ihr in die Augen, als sich eine Lamelle nach der anderen hob. Es war ja wirklich schon Mittag! Die Carpenters warteten sicher schon lange darauf, dass ihr Feriengast endlich aufstand!

Dani lief zurück zu ihrem Bett, das im Tageslicht noch mehr wie eine Truhe aussah, öffnete ihren Koffer und zog sich hastig an. Mit dem Kulturbeutel unterm Arm schlüpfte sie leise aus der Tür und suchte nach dem Bad. Sie fand es auf Anhieb: An der Tür prangte ein klobiges Messingschild mit der Aufschrift „bathroom".

43 hither: hierhin

Exercise 9

Außenseiter. Eins der Wörter in jeder Reihe passt nicht zu den anderen. Findest du es?

1.	*bathroom*	*kitchen*	*handkerchief*
2.	*nasty*	*blue*	*nice*
3.	*eat*	*dance*	*me*
4.	*up*	*on*	*why*
5.	*this*	*his*	*that*

Dani bewunderte die alte Emaille-Wanne mit den Löwenfüßen, entschied sich aber für die moderne Dusche. Frisch gewaschen und gekämmt betrat sie schließlich das Wohnzimmer.

Es war leer. Ebenso wie die Küche, die Terrasse und sogar der Keller.

Das Auto stand allerdings noch in der Einfahrt. Aber wo waren die Carpenters?

Als Dani wieder in ihr Zimmer gehen wollte, hörte sie ein seltsames Geräusch. Es kam aus einem der Zimmer im Obergeschoss, und es klang wie ein Lkw, der nicht anspringen wollte. Dani schlich zu dem Zimmer und drückte ein Ohr an die Tür. Jetzt knatterte es noch lauter, und zwischendurch gab es kleine Explosionen, als hätte der Lkw eine Fehlzündung.

Dani grinste. Das war kein Laster, da schnarchte jemand! Die Carpenters schliefen also noch. Da musste sie sich eben eine Weile allein vergnügen.

Dani sah sich in der Küche um. Brot war keins zu finden, und es gab auch weder Butter noch Käse oder Marmelade. So nahm sie sich nur eine Flasche Johannisbeersaft aus dem Kühlschrank. Es war sicher auch besser, mit dem Frühstück auf ihre Gastgeber zu warten. In der Zwischenzeit würde sie sich einfach ein bisschen umsehen.

Dani schrieb „Gone for a walk“ auf einen Zettel und legte ihn auf den Wohnzimmertisch. In der Keramikschale im Flur fand sie ein Schlüsselbund. Sie probierte drei Schlüssel aus, bis einer in die Haustür passte. Einem Erkundungsspaziergang stand damit nichts mehr im Wege.

Dani trat aus dem Haus, und die sommerliche Hitze überfiel sie wie ein wolliger Bernhardiner, der sich einem auf die Brust setzt und einem den Atem nimmt. Und da hieß es immer, in England würde es ununterbrochen regnen!

Dani ging noch mal ins Haus und lieh sich kurzerhand Katies Schirmmütze und eine der vielen Sonnenbrillen aus, die überall herumlagen. Dann schlenderte sie die Straße hinunter.

Die Häuser sahen alle gleich aus, aber in ihren Vorgärten offenbarten die Bewohner ganz unterschiedliche Vorlieben. Da gab es üppige Rosensträucher, einen kleinen Springbrunnen mit einem Paar Turteltauben aus Ton, wie mit der Nagelschere geschnittenen makellosen Rasen, eine wilde Mischung aus bunten Wiesenblumen – und natürlich den friedhofsartig bepflanzten Vorgarten der Carpenters voller Efeu und Heidekraut.

Dani beobachtete gerade eine getigerte Katze, die sich auf einem weiß gekachelten Weg räkelte, als ihr jemand auf die Schulter tippte.

„Huch!“, rief Dani.

Der Junge, der sie so erschreckt hatte, grinste. Er war bestimmt einen Kopf größer als Dani und hatte schlechte Zähne.

„Didn’t mean to scare[44] you“, sagte er, aber sein Grinsen sagte das Gegenteil. Ganz offensichtlich genoss er es, sie erschreckt zu haben. Aber Dani wollte an ihrem ersten Tag in England nicht gleich Streit anfangen. Und vielleicht war dieser Typ ja ein Freund von Katie – wenngleich Dani sich das kaum vorstellen konnte.

„Either you don’t know any English or you’re mute[45]“, fuhr er fort.

44 to scare: erschrecken 45 mute: stumm

Exercise 10

Entweder oder! *Either … or* (entweder … oder), *neither … nor* (weder … noch) oder *both … and* (sowohl … als auch): Kannst du die richtigen zweiteiligen englischen Begriffe in den folgenden Sätzen einsetzen?

1. *______ Katie ______ Dani like musicals.*
2. *My friend hates animals. He likes ______ cats ______ dogs.*
3. *We ______ have breakfast together now ______ you can eat on your own today!*
4. *I think, this boy is ______ fifteen ______ sixteen years old. He can't be older than twelve!*
5. *______ my sister ______ me will win the race to the bathroom.*

„And you must be a descendant[46] of Sherlock Holmes", sagte Dani.

Der Junge schüttete sich aus vor Lachen und streckte ihr eine Hand entgegen.

„Cyril Baker", stellte er sich vor und deutete auf das Haus mit dem Springbrunnen.

„Dani Weber", sagte Dani und deutete auf das Haus der Carpenters. „I'm from Germany."

Cyril beugte sich hinunter, bis sein Mund direkt neben Danis Ohr war. Puh, hatte der Mundgeruch!!

„You have to know something about your host family[47]", flüsterte er. Und obwohl Dani am liebsten vor seinem Mundgeruch geflohen wäre,

46 descendant: Nachfahre 47 host family: Gastfamilie

bewegte sie sich keinen Zentimeter. Wenn dieser Junge irgendetwas über die Carpenters wusste, wollte sie es hören. Vor allem Joanna hatte sich so merkwürdig verhalten, dass Dani für jeden Hinweis dankbar war.

„They're strange", flüsterte Cyril. Er richtete sich wieder auf und sah sie an, als hätte er ihr gerade verraten, dass im Vorgarten nebenan ein Goldschatz vergraben war.

Dani verdrehte die Augen und wandte sich zum Gehen.

„Hey, they're really strange!" Jetzt tänzelte Cyril um sie herum und verstellte ihr den Weg.

„What do you mean by strange?!", rief Dani ärgerlich.

„Hush! They could hear you!" Von einem Moment auf den anderen wirkte Cyril nicht mehr bedrohlich, sondern ängstlich. Er warf einen schnellen Blick zum Haus der Carpenters hinüber.

Dani stemmte die Händen in die Hüften. „If you do have something to say, out with it[48]!"

Exercise 11

if-Sätze. Ergänze die fehlenden Teile in den folgenden Sätzen.
Zum Beispiel: *If he _______ (invite) me, I _______ (be happy) → If he invites me, I'll be happy.*

1. *If you _________ (stay) here, you _________ (regret) it!*
2. *We _________ (visit) the Globe Theatre if we _________ (travel) to London.*
3. *If you _________ (see) Jane tonight, _________ (tell) her to give me a call.*

48 out with it: heraus damit

„All right." Cyril zog die Augenbrauen zusammen, beugte sich vor und betonte jedes Wort:

„They sleep all day and stay up[49] all night. Nobody has ever seen their faces, because they always wrap up[50] as if they were about to leave for a polar expedition. And nobody knows what they live on[51]."

„So they're a little different, so what[52]?", sagte Dani genervt.

Cyril hob beschwichtigend beide Hände.

„Hey, German girl, I just wanted to warn you. No need to offend[53] me!"

„Well, thanks, then!", sagte Dani mit eisiger Stimme, drehte sich um und ging weg.

Was für ein ekelhafter Kerl! Hoffentlich lief er ihr nie wieder über den Weg.

Aber irgendwo tief in ihrem Inneren regte sich eine leise Stimme, die flüsterte: „Ganz unrecht hat er ja nicht. Seltsam sind sie schon …"

49 to stay up: auf, wach sein 50 to wrap up: sich vermummen 51 to live on: leben von 52 so what?: na und? 53 to offend: beleidigen, angreifen

Die Verwechslung

Als Dani die Tür aufschloss, zog der Duft von gebratenem Fleisch durchs Haus, und sie hörte aufgeregte Stimmen.

Ob nun der blöde Cyril schuld daran war oder nicht: Dani zögerte, sich bemerkbar zu machen. Stattdessen blieb sie im Flur stehen und lauschte.

„I don't care[54] whether the agency made a mistake or not!", rief Katie aufgebracht. „I like Dani, and I want her to stay!"

„Well, but she is a … you know what she is! It's far too dangerous to let her stay. What if she finds out …"

„I don't care!!", rief Katie noch einmal. „Do you really think she would give us away[55]?"

„We cannot send her away without attracting unwanted[56] attention, anyway", das war die bedächtige Stimme von Will Carpenter. „The other girl has refused[57] to leave her guest family, and they cannot force[58] her to do so."

Exercise 12

Hauptsache Hauptwort! Bilde Nomen zu den folgenden Verben und Adjektiven. Zum Beispiel: *meet – meeting*.

1. *true* __________
2. *be* __________
3. *force* __________
4. *die* __________
5. *break* __________

54 I don't care: mir ist es egal 55 to give someone away: jemanden verraten 56 unwanted: unerwünscht 57 to refuse: ablehnen 58 to force someone: jemanden zwingen

Dani fiel das schwarz gekleidete Mädchen vom Flughafen ein. Waren sie beide tatsächlich vertauscht worden? Aber selbst wenn: Was war daran so schlimm?

Joanna lachte, aber es klang überhaupt nicht fröhlich.

„That girl is going to have a great old time, I'm sure! She just has to use her *voice* to get whatever she wants. But the *voice* doesn't seem to work with Dani, as we found out last night, does it?"

Was sollte das denn nun wieder bedeuten? Je mehr Dani hörte, desto weniger verstand sie.

Sie wollte das Gewicht auf ihren rechten Fuß verlagern, weil der linke eingeschlafen war, hielt aber im letzten Moment inne. Unter dem schreiend grünen Läufer lag Parkett, und wenn es knarrte, würden sie sie hören – bevor Dani die Chance gehabt hatte, mehr zu erfahren.

„We could just tell her the truth", sagte Katie.

Genau, dachte Dani.

„Are you crazy?", schrie Joanna.

„Calm down, the both of you", sagte Will. „No, Katie, that's impossible. And you know that. But we could tell her about good old erythropoietic protoporphyria."

Joanna stimmte begeistert zu, aber Katie murrte.

Was hatte dieser Zungenbrecher nun wieder zu bedeuten? Dani hatte allmählich die Nase voll von all der Heimlichtuerei. Während sie noch überlegte, wie sie sich am besten bemerkbar machen sollte, klingelte ihr Handy.

„I'm back again!", rief sie in Richtung Küche, dann hob sie ab.

„Na, Schatz, gut geschlafen? Wie ist denn deine Gastfamilie so?", wollte ihre Mutter wissen.

Dani sah zur Küche. Joanna kam mit einem festgefrorenen Lächeln heraus, dicht gefolgt von einem nachdenklichen Will und einer mürrischen Katie.

„Alles bestens, Mama", sagte Dani.

Sie hoffte nur, dass ihre Mutter nicht hören konnte, dass sie einen dicken Kloß im Hals hatte.

Erythropoetische Protoporphyrie

Als Dani aufgelegt hatte, schlang Joanna ihr einen bleichen Arm um die Schulter.

„Now, Dani, did you sleep well?"

Dani nickte stumm. Der Kloß in ihrem Hals wurde größer.

Joanna lächelte zufrieden. Dani sah, dass Katie unruhig von einem Fuß auf den anderen trat und ihr nicht in die Augen sah.

„Well", fuhr Joanna fort, „I've just talked to someone from the agency, and it has turned out[59] that there has been a mix-up[60]. You should have been sent to a different family. But", Joanna drückte Dani so fest, dass sie kaum noch Luft bekam, „we wouldn't let you go anymore, would we?"

Von Katie kam ein würgendes Geräusch, was ihr einen eisigen Blick ihrer Mutter einbrachte.

„Nevertheless, there's something you should know", sagte Joanna.

Jetzt war es also so weit. Zeit für die große Lüge. Oder für einen Teil der Wahrheit?

Katie öffnete den Mund, aber ihre Mutter kam ihr zuvor.

„What you need to know is that the three of us suffer from[61] an extremely rare[62] disease called erythoprotetic ... erm ..."

„Erythropoietic protoporphyria", schaltete sich Will ein. „But you don't have to worry, Dani, it isn't infectious[63]."

Katie schnaubte. Dani sah sie direkt an.

„And what kind of disease is this erythro... thing?"

„They will tell you", sagte Katie und rannte nach oben. Eine Tür knallte.

„That poor girl", sagte Joanna, „she suffers a lot because of this erytho... whatchamacallit[64]! – I think, Will should tell you about it. He's the one of us who knows all the right words."

Sie lachte und verschwand die Treppe hinauf.

59 to turn out: sich herausstellen 60 mix-up: Verwechslung 61 to suffer from something: an etwas leiden 62 rare: selten 63 infectious: ansteckend 64 whatchamacallit: Dingsbums (*aus*: „what you may call it": wie immer du es nennen magst)

Dani starrte Will an. Er schien sich ein wenig unwohl zu fühlen, aber Dani hatte kein Mitleid mit ihm. Wenn er log, sollte er sich ruhig schlecht fühlen, das war nur gerecht.

Aber als sie hörte, was er zu sagen hatte, war sie sich nicht mehr so sicher.

„Well, Dani, my dear, we've learned to live with our genetic defect, so there's no need to feel sorry for us[65]. Erythropoietic protoporphyria is a very rare metabolic disease[66]. The main symptom is an extreme sensitivity[67] to light. Light, and especially sunlight, harms[68] us and causes us tremendous[69] pain." Er lächelte. „Now you know why we dress up like mummies[70] when we have to go out into the sunlight."

Exercise 13

Buchstabensalat. In den folgenden Wörtern zum Thema *Licht* sind die Buchstaben völlig durcheinandergeraten. Kannst du sie wieder in die richtige Reihenfolge bringen und übersetzen?

1. *palm* ______________
2. *clenda* ______________
3. *ambunse* ______________
4. *heins* ______________
5. *witsch no* ______________

Dani schluckte. Das erklärte, warum die Carpenters nur Kerzenlicht im Haus anmachten. Und warum sie so spät ins Bett gingen und erst am Nach-

65 to feel sorry for somebody: Mit jemandem Mitleid haben 66 metabolic disease: Stoffwechselkrankheit 67 sensitivity: Empfindlichkeit 68 to harm: verletzen, schädigen 69 tremendous: schrecklich, enorm 70 mummy: Mumie

mittag aufstanden. Sie waren nur dann wirklich sicher, wenn die Sonne nicht schien.

Aber war das nun die Wahrheit oder doch eine ausgeklügelte Lügengeschichte? Dani versuchte, die Antwort in Wills Gesicht zu finden. Er lächelte freundlich wie immer. Und als er ihr dann sanft über die Wange strich und sagte: „Don't you worry, Dani, we're used to it and can cope with[71] it. We just hope that you'll enjoy your holidays in spite of our … limitations[72]", da wollte Dani einfach von ganzem Herzen glauben, dass er ihr die Wahrheit gesagt hatte.

Denn trotz aller Merkwürdigkeiten – und obwohl ihr Joanna immer noch ein wenig unheimlich war – wurde Dani plötzlich klar: Sie mochte Katie. Sie wollte den ganzen Sommer lang mit ihr über Musicals streiten und noch jede Menge mehr mit ihr unternehmen. Vielleicht fuhr sie sogar genau so gern Inliner wie Dani?

Ja, sie würde bei den Carpenters bleiben – auch wenn Wills Charme und Joannas strenge Art ihr beide ein wenig unheimlich waren. Vielleicht würden sie ihr ja irgendwann sogar vertrauen und ihr die ganze Wahrheit erzählen.

71 to cope with something: mit etwas zurechtkommen/umgehen können 72 limitation: Einschränkung

Die schwarze Prinzessin

Es war schon früher Nachmittag, und noch immer hatte Dani nichts gegessen. Darum mussten sie als Erstes die Nahrungsfrage klären.

Dani druckste zuerst ein wenig herum, aber dann sagte sie es rundheraus: dass sie Steaks nicht mochte. Wills entsetzte Nachfrage, ob sie denn überhaupt kein Fleisch esse, konnte sie zur Erleichterung der Carpenters aber verneinen. Für den Abend versprach Will, Hackfleisch zu besorgen und Hamburger für alle zu machen. Und Joanna wollte, sobald es dunkel war, zum Supermarkt zu fahren, um Dani fürs Frühstück alles zu kaufen, was sie haben wollte.

„But what can she eat in the meantime[73]?“, fragte Katie. Als Dani die ratlosen Gesichter sah, meinte sie schnell:

„Just tell me where the next supermarket is, and I'll go and get some bread and cheese.“

„That's absolutely out of the question[74]!“, rief Will. „You're our guest and we won't let you wander around[75] in a village that's completely unfamiliar[76] to you!“

Da sagte Katie:

„Let's go together.“

„Over my dead body[77]!“, rief Joanna, und ihre nachtblauen Augen sprühten Funken. „That would be far too high a risk[78]!“

Aber Katie ließ sich von ihrer Mutter nicht einschüchtern. Dani bewunderte sie dafür. Auf sie wirkte Joanna ganz schön furchteinflößend!

„I'll cover up very carefully. And we'll take the inline skates so we'll be out in direct sunlight no more than a few minutes.“

Katie stand auf. „Do you like inline skating, Dani?“

73 in the meantime: bis dahin, in der Zwischenzeit 74 that is out of the question: das kommt gar nicht infrage 75 to wander around: umherirren 76 to be unfamiliar to someone: jemandem fremd/unvertraut sein 77 over my dead body!: nur über meine Leiche! 78 far too high a risk: ein viel zu hohes Risiko

Exercise 14

Fragen. Kannst du aus den folgenden Aussagesätzen Fragen machen? Zum Beispiel: ***She likes inline skating → Does she like inline skating?***

1. *Katie covers up very carefully.*

   ____

2. *You don't want to know the truth.*

   ____

3. *She has been to Canada lately.*

   ____

4. *Cyril is a nasty boy.*

   ____

„I love it!", rief Dani.

„I still don't think …", sagte Joanna, aber Katie rannte schon die Treppe hoch, um sich umzuziehen.

„Dani, I didn't see you bringing any inline skates with you", sagte Will und ignorierte dabei den stechenden Blick seiner Frau. „If you should need any, there are a couple of pairs in the cellar[79], first room to the left. Perhaps you will find some that fit you."

„That's sheer madness[80]!", protestierte Joanna immer noch. Aber als Dani zur Kellertür ging, sprang sie auf.

„I'll go and get them for you!", sagte sie scharf.

Dani hatte den Eindruck, dass sie das nicht aus Freundlichkeit tat, sondern um Dani vom Keller fernzuhalten. Vielleicht sollte sie sich irgendwann einmal dort unten umsehen.

79 cellar: Keller 80 sheer madness: reiner Wahnsinn

Katie bot einen wirklich spektakulären Anblick: knallenge Leggings, ein langärmeliges Shirt, Handschuhe, ein Schal, der den Hals und das Gesicht bis hinauf zur Sonnenbrille verdeckte, über allem ein langer schwarzer Trenchcoat, und natürlich ihre Schirmmütze – und alles in Schwarz.

Dani schwitzte schon beim Hinsehen, aber Katie schien die Hitze nichts auszumachen. Sie düste mit flatternden Haaren und wehendem Mantel neben Dani her, neugierig bestaunt von den Passanten.

Exercise 15

Außenseiter. Eins der Wörter in jeder Reihe passt nicht zu den anderen. Findest du es?

1.	*witchcraft*	*magician*	*ant*
2.	*dry*	*look*	*see*
3.	*hand*	*liver*	*foot*
4.	*sweet*	*by*	*at*
5.	*ice*	*bee*	*honey*

Manche beließen es allerdings nicht beim Gucken: Als sie den Supermarkt erreichten, folgte ihnen eine ganze Gruppe Jugendlicher, und auch einige Erwachsene waren dabei – alle männlich!

Sie verfolgten jede von Katies Bewegungen, wirkten dabei aber überhaupt nicht bedrohlich auf Dani. Eher ... wie verzaubert. Ja, das war es: Sie waren ganz offensichtlich hingerissen von Katie. Obwohl von ihr unter all den schwarzen Klamotten im Grunde gar nichts zu sehen war. Die Menschen wurden trotzdem zu ihr hingezogen wie Motten zum Licht.

Fehlte eigentlich nur noch die passende schnulzige Musik, dann hätte

Dani sich wie in einem Märchenfilm gefühlt, in dem alle jungen Männer des Königreichs nichts anderes wollten als die schöne Prinzessin heiraten.

Die in diesem Fall aber kein rosa Ballkleid trug, sondern von Kopf bis Fuß schwarz vermummt war.

Als Katie ihren ersten Inliner auszog, eilte ein etwa sechzehnjähriger Junge herbei, um ihr zu helfen. Katie war so mit ihrem Schuh beschäftigt, dass sie ihn erst bemerkte, als er nach dem Inliner griff. Sie zuckte zurück und rief:

„Back off[81]!"

Katie hatte das nicht einmal besonders laut gesagt, aber die Wirkung war verblüffend: Der Junge fasste sich an die Stirn und wich zurück, als hätte sie ihn geschlagen. Dann rannte er so schnell davon, dass er fast über seine eigenen Füße gestolpert wäre. Katies übrigen Verehrer sahen verwirrt zwischen ihr und dem Flüchtenden hin und her.

„Good bye", sagte Katie mit derselben halblauten, seltsam klirrenden Stimme wie zuvor. Und wie auf Kommando lächelten die Jungen Katie unterwürfig an und stoben dann in alle Richtungen davon.

„Wow!", sagte Dani. „How did you do that?! Looks like witchcraft[82] to me."

Katie lachte und warf ihre Inliner in einen Einkaufswagen.

„I forgot how much fun you can have with hum…, with boys!"

Dani war gar nicht zum Lachen zumute.

Das war gespenstisch gewesen. Unheimlich. Wie die Jungen sich plötzlich verhalten hatten wie … wie Schoßhündchen, das war nicht lustig gewesen. Sondern grausam.

Aber Katie sah das natürlich nicht so. Sie lebte in ihrer eigenen Welt. Einer Nachtwelt, in der viele Jungs, die ihr begegneten, nicht so harmlos waren wie diejenigen, die ihr heute gefolgt waren.

Dani schüttelte das Unbehagen ab, das sie verspürte, und hakte sich bei Katie unter. „I hope you'll tell me your secret some day", sagte sie.

„There's no secret. No secret I could tell you anyway", antwortete Katie, und Dani fragte sich, warum sie mit einem Mal so ernst klang.

81 back off!: verschwinde! 82 witchcraft: Zauberei, Hexerei

Alltag bei den Carpenters

So ungewöhnlich das Leben mit den Carpenters auch war: Dani gewöhnte sich schnell daran, und schon bald erschien es ihr völlig normal.

Wenn sie so gegen elf aufstand (sie ging mittlerweile ziemlich spät ins Bett), hatte sie mindestens fünf Stunden für sich allein, bevor sich ein Mitglied ihrer Gastfamilie blicken ließ. Diese Zeit nutzte Dani, um all das zu tun, was ihre lichtempfindlichen Gastgeber nicht mit ihr zusammen machen konnten: Sie ging ins Freibad, erkundete die Umgebung von Crow Hill und lernte nach und nach sogar einige der anderen Mädchen und Jungs aus der Nachbarschaft kennen. Sie waren alle neugierig, etwas über die Carpenters zu erfahren, weil man sie so selten sah. Aber nachdem Dani klargestellt hatte, dass die Carpenters einfach recht zurückgezogen lebten, ansonsten aber sehr nett seien, war das Thema auch für die anderen offenbar erledigt.

Nur Cyril ging sie nach wie vor aus dem Weg.

Wenn Dani am späten Mittag nach Hause kam, weckte sie Katie, die dann verschlafen in die Küche stolperte und Hamburger briet, die sie gemeinsam verspeisten. Dabei überlegten sie, was sie an diesem Tag unternehmen wollten. Solange es hell war, besuchten sie zum Beispiel den London Dungeon – eine Art Horrorkabinett, in dem die größten Katastrophen in der Geschichte Londons dargestellt wurden –, gingen in die Nachmittagsvorstellung in einem der vielen Theater Londons oder verzogen sich mit einer Flasche Saft in den Partykeller und quatschten.

Später am Abend saßen sie dann zum Essen mit Katies Eltern zusammen und hörten sich Wills Geschichten von früher an – die immer so wirkten, als wären sie schon vor Jahrhunderten passiert. Aber das musste wohl an seiner manchmal recht altertümlichen Sprache liegen.

Dabei verdiente er sein Geld damit, Drehbücher zu schreiben, hatte er Dani erzählt.

Sobald es dunkel wurde, begann der beste Teil des Tages. Zu Hause in Deutschland durfte Dani so spät abends nicht mehr allein raus – aber Joanna und Will hatten nichts dagegen, dass die beiden Mädchen bis spät in die Nacht allein im Mondschein schwimmen gingen, durch verrufene Gegenden streiften und weite Touren mit ihren Inlinern unternahmen.

Zunächst hatte Dani mehr als nur ein wenig Angst gehabt, wenn sie mit Katie nachts unterwegs war. Und sie hatte sich gewundert, dass Joanna und Will so gar nichts dabei fanden, die beiden Mädchen unbeaufsichtigt herumstreifen zu lassen.

Aber das war, bevor die Sache mit den Möbeln passierte.

Ganz stark

Exercise 16

Verben finden. Unterstreiche alle englischen Verbformen auf den folgenden beiden Seiten.

Als Dani nach mehreren Stunden im Freibad nach Hause kam, hörte sie Geräusche aus dem Wohnzimmer. Es klang, als würde jemand Möbel verrücken.

„I'm back", rief sie in Richtung Wohnzimmer, holte sich dann aber erst mal in die Küche etwas zu trinken.

Niemand antwortete. Die Rückgeräusche wurden lauter. Mit dem Glas in der Hand ging Dani ins Wohnzimmer.

„May I help you?", sagte sie. Und dann ließ sie ihr Glas fallen. Es zerschellte auf dem alten Holzboden, und der Saft lief in die Ritzen der Dielen.

Es krachte, als Joanna die Couch fallen ließ, die sie eben noch mit einer Hand balanciert hatte. Katie hatte sich besser im Griff: Sie setzte den wuchtigen Esstisch ganz sanft ab.

„We're just … rearranging[83] the furniture", sagte Joanna.

„I see[84]", stieß Dani hervor. Sie wusste nicht, ob sie lachen oder weglaufen sollte, und so blieb sie erst mal, wo sie war.

„Well", sagte Joanna, „I'll go and get a rag[85]." Mit einem hilfesuchenden Blick in Richtung ihrer Tochter verließ sie das Zimmer.

Dani wusste nicht, was sie sagen sollte, und Katie ging es offenbar genauso. Das Schweigen lastete schwer auf ihnen, aber dann redeten sie plötzlich beide auf einmal los:

„Everybody told me that the British are quite different, but I didn't believe it", versuchte Dani zu scherzen, und gleichzeitig sagte Katie:

83 to rearrange something: etwas umräumen 84 I see: aha, verstehe 85 rag: (Putz-)Lappen

„I wanted to tell you the whole truth right from the beginning[86]."

Dann lachte Katie über Danis Witz, und Dani sagte:

„Go ahead[87]."

Katie holte tief Luft, setzte an, schüttelte den Kopf, holte wieder Luft und sagte:

„Please don't ..."

Aber weiter kam sie nicht, denn in diesem Moment kam Will herein, energisch vorwärts geschoben von Joanna.

„Tell her!", sagte sie.

„Dani, my dear", begann Will, „I know it must look quite ... strange to you to see my favourite girls flinging around furniture like juggling balls[88]." Er lachte, aber Dani ließ sich diesmal nicht von seiner charmanten Art einwickeln.

„Well, yes, it does look quite strange to me actually", sagte sie fest.

„Erm ... ay", sagte Will. „And as you might have figured out[89] already, there is quite a simple explanation[90] for this. It has to do with our illness."

Jetzt war Dani aber gespannt. Eine Krankheit, die einen nicht schwächte, sondern im Gegenteil stark machte?

Will setzte sich an den Esstisch, der dank Katie nun direkt am Fenster stand (die Rolladen waren natürlich geschlossen), und winkte Dani, sich zu ihm zu setzen. Katie riss ihrer Mutter den Putzlappen aus der Hand und begann, Danis verschütteten Saft so heftig aufzuwischen, als wollte sie sich durch die Holzdielen graben. Will schien davon nichts mitzubekommen. Er fuhr in aller Seelenruhe fort:

„Well, Dani, you know that we are housebound[91] most of the time. Due to[92] our disease we cannot work out in a sports club[93] like other people. We don't get much exercise[94] most of the day. And that's why we had to find a way of compensating[95] this shortcoming[96]." Er lächelte. „And here's what we did: We turned one of the rooms in the cellar into a fitness room. Every night the three of us spend at least two hours down there and do our workouts."

„Mostly weight training[97]", ließ sich Joanna vernehmen.

86 right from the beginning: von Anfang an 87 go ahead: nur zu 88 juggling ball: Jonglierball 89 to figure out: herausfinden 90 explanation: Erklärung 91 housebound: ans Haus gefesselt 92 due to: infolge von, wegen 93 sports club: Sportverein 94 exercise: körperliche Ertüchtigung, Training 95 to compensate: ausgleichen 96 shortcoming: Mangel, Defizit 97 weight training: Krafttraining

Katie schnaubte, aber Joanna fuhr ungerührt fort:

„It's quite useful for a woman in today's world to be able to defend[98] herself. Especially if she's primarily[99] out and about[100] at night time."

Exercise 17

Selber! Bitte setze in den folgenden Sätzen die passenden Reflexivpronomen wie *himself, herself, themselves, myself* ein.
Zum Beispiel: *He hurts* ___________ → *He hurts himself.*

1. *Did you see it ___________?*
2. *Joanna is able to defend ___________.*
3. *He built this bridge ___________.*
4. *They're so selfish[101], they only think of ___________!*
5. *We'll paint that wall ___________.*

Dani wollte es gar nicht, aber mit einem Mal hatte sie Mitleid mit Joanna, die immer so hart und streng wirkte. Zum ersten Mal wurde Dani wirklich bewusst, was die Krankheit für die Carpenters bedeutete. Es musste schrecklich sein, wenn man tagsüber ans Haus gefesselt war und sich nachts, wenn man endlich vor die Tür gehen konnte, vor Überfällen fürchten musste!

Dani räusperte sich. „Maybe we could exercise together sometime[102]?"

Will sah erschrocken aus, aber Joanna antwortete sofort:

„Sure. Tomorrow night would be a good time, don't you think?"

Dani nickte.

Als sie mit Katie das Wohnzimmer verließ, hörte sie Will so erleichtert aufseufzen, als sei ihm ein Stein vom Herzen gefallen.

Oder ein zentnerschwerer Esstisch.

98 to defend: verteidigen 99 primarily: hauptsächlich 100 to be out and about: unterwegs sein
101 selfish: egoistisch 102 sometime: irgendwann

Die Keller-Expedition

Bis zum Abend sprachen Katie und Dani nicht mehr über die Sache mit den Möbeln. Sie sahen sich in Danis Zimmer eine DVD des Musicals „Cats“ an, knabberten Salamisticks (Katie) und Chips (Dani) und sangen die Lieder aus vollem Hals mit.

Als die alte Katze Grizabella – und mit ihr Dani und Katie – ihr herzzerreißendes „Memories“ sang, klang Katies Stimme mit einem Mal brüchig.

„What's the matter with you?“, fragte Dani und versuchte ihre Tränen herunterzuschlucken.

„It's nothing, I'm fine.“ Katie wischte sich über die Augen und griff nach einem Glas eingelegter Gurken.

„Want some pickles[103]?“, fragte sie.

„Yeah, but …“ Dani wollte Katie sagen, dass der Deckel des Glases so fest saß, als wäre er angeschweißt. Sie hatte schon vergeblich versucht, es zu öffnen. Doch da war es schon zu spät.

„Oops[104]!“ Katie schaute schuldbewusst auf die nach Essig stinkende Sauerei auf Danis Bett – und dann auf das Glas in ihren Händen.

Das Glas war zerbrochen. In der einen Hand hielt Katie den unteren Teil, in der anderen den oberen Rand samt Deckel, der immer noch festsaß.

Dani prustete los.

„Very funny!“, rief Katie und rümpfte die Nase.

„Shall I hold your nose[105]?“, bot Dani kichernd an.

„You better hold your tongue[106]!“, Katie schwenkte die untere Glashälfte, dass der Essig schwappte, „or you'll take a vinegar[107] bath right away!“

103 pickles: saure Gurken 104 oops: huch 105 to hold one's nose: sich die Nase zuhalten 106 to hold one's tongue: den Mund halten 107 vinegar: Essig

Exercise 18

Halt mal! Im Englischen verändert eine Präposition oft die Bedeutung eines Wortes völlig. Hier sind einige Begriffe mit *hold* – kannst du sie ihren deutschen Entsprechungen zuordnen? Bitte verbinde die Wortpaare mit Strichen.

hold on	*entgegenhalten*
hold in	*aushalten, warten*
hold down	*warte!, festhalten!*
hold back	*den Bauch einziehen, sich beherrschen*
hold against	*(sich) zurückhalten*
hold on!	*(Taste) gedrückt halten*

Dani sprang kreischend auf, Katie ebenfalls, und als Joanna kurz darauf ins Zimmer kam, um dem Geschrei ein Ende zu machen, steckte sie die beiden nach Essig stinkenden Mädchen kurzerhand in die Badewanne.

Dani war als Erste dran. Sie genoss das warme Wasser so lange, bis Katie energisch gegen die Tür hämmerte.

In Joannas purpurroten samtweichen Bademantel gehüllt, überlegte Dani, wie sie sich die Zeit vertreiben sollte, bis Katie mit baden fertig war. Will brutzelte etwas in der Küche, Joanna räumte im Wohnzimmer herum, und beide winkten ab, als Dani ihre Hilfe anbot. So ging sie schließlich in den Keller hinunter, um sich die Geräte im Fitnessraum anzusehen.

Sie wollte sich am nächsten Tag nicht blamieren, indem sie sich total ungeschickt anstellte. Dani hatte noch nie ein Fitnessstudio von innen gesehen, und bei ihr zu Hause gab es auch keinen Fitnessraum.

Sie brauchte so etwas ja auch nicht, dachte Dani schuldbewusst. Sie konnte jederzeit nach draußen, konnte radfahren, skaten oder einfach herumlaufen.

Zumindest was den Keller betraf, waren die Carpenters eine ganz normale Familie: Überall stapelten sich Kisten, und außer im Partyraum herrschte Chaos. Brokatbezogene Sessel, die wie auf alten Königsgemälden aussahen, standen neben Nachttischlampen, die aus der Anfangszeit des elektrischen Stroms zu stammen schienen und die wiederum von Bergen beschriebener Blätter umgeben waren.

Dani warf einen Blick auf eins dieser Blätter. Die Handschrift war schwer zu lesen, aber sie konnte den Anfang entziffern:

Say what you will, sir, but I know what I know;
That you beat me at the mart, I have your hand to show.[108]

Das schien ein Gedicht zu sein – oder ein Teil aus einem Theaterstück. Shakespeare wahrscheinlich. Schließlich war Will Shakespeare-Fan. Allerdings sahen die Blätter wirklich alt aus … Aber nein, Originale konnten das auf keinen Fall sein. Die würde doch niemand einfach so herumliegen lassen!

Dani hätte zu gern weiter gestöbert. Zumal es ihre Neugier anstachelte, dass Joanna sie an ihrem zweiten Tag in Crow Hill vom Keller hatte fernhalten wollen, als Dani die Inliner holen wollte. Aber sie kam sich schon jetzt wie eine Einbrecherin vor – ihr hatte ja niemand erlaubt, sich hier unten umzusehen. Nur den Fitnessraum würde sie noch suchen, dann war Schluss.

Dani öffnete eine Tür nach der anderen. In einem Raum stieß sie auf Schranktüren, wie Joanna sie an Danis erstem Abend herumgetragen hatte. Obwohl sie eigentlich gar nicht wie Türen aussahen. Sie hatten zum Beispiel keine Griffe …

Egal. Wenn Dani hier fertig sein wollte, bevor jemand sie suchte, musste sie sich beeilen. Sie öffnete eine Tür nach der anderen – aber sie war nicht schnell genug: Bevor sie den letzten Raum erreichte, rief Katie nach ihr.

Dann würde sie die Geräte eben erst morgen sehen. Und sich als Fitnessniete outen.

108 *aus Shakespeares „Komödie der Irrungen", übersetzt von Christoph Martin Wieland:* „Sagt was ihr wollt, Herr, ich weiß doch, was ich weiß; dass ihr mich auf dem Markt geschlagen habt, das kann ich mit eurer Hand beweisen."

Freunde

Danis neue Freundin überraschte sie mit einem tollen Plan für die Nacht.

Kurz darauf waren sie mit ihren Inlinern auf dem Weg zur Kartbahn – die nachts natürlich geschlossen war. Aber das war kein Hindernis für die beiden: Sie fanden schnell eine Stelle, an der man über den Zaun klettern konnte. Und dann drehten sie ein paar irrsinnig schnelle Runden, ganz allein und mit viel Gejohle und Geschrei.

Am Ende hatte jede von ihnen vier Rennen gewonnen. Allerdings hatte Dani den Verdacht, dass Katie einige Male das Tempo gedrosselt hatte, um sie gewinnen zu lassen.

Es war schon sehr spät, als sie sich endlich auf den Heimweg machten.

„I haven't had so much fun in centuries!", rief Katie, als sie die verlassene Hauptstraße entlangsausten.

„Neither have I[109]!", keuchte Dani.

Katie lachte. „I'm so glad that you're here", sagte sie. „Racing is much more fun if you have an opponent[110]."

Exercise 19

Alles relativ. Setze in den folgenden Sätzen jeweils das passende Relativpronomen ein, *who, which* oder *that*. Markiere außerdem, wo man das Relativpronomen auch weglassen kann (setze es dann in Klammern) oder wo mehrere möglich sind.

1. *Katie is glad _______ Dani is there.*
2. *This is the room _______ Dani searched[111].*
3. *I need someone _______ can help me with my homework.*
4. *This is the boy _______ is spreading rumours about the Carpenters.*

109 neither have I: ich auch nicht 110 opponent: Gegner 111 to search: *hier:* durchsuchen

Dani sah Katie verständnislos an.

Katie sprang elegant über einen Ast auf dem Weg, den Dani im Dunkeln gar nicht gesehen hatte.

„I don't have too many friends." Katie lachte, aber es klang nicht fröhlich.

Dani hätte sich in den Hintern beißen können. Natürlich hatte Katie nicht viele Freunde! Wahrscheinlich hatte sie überhaupt keine. Wie auch: Schließlich durften andere Dreizehnjährige wohl kaum mitten in der Nacht zum Spielen vor die Tür.

„I'm so sorry", murmelte Dani, und diesmal war es Katie, die verständnislos schaute.

„Dani, there's nothing to be sorry about." Sie lächelte. „My life isn't that bad. I have my strange but caring[112] parents, I have my inline skates, and now I have you as a friend."

Dani wusste nicht, was sie sagen sollte. Sie schluckte.

„Race you home[113]!", rief Katie da und sprintete los.

„You can hope for the best but you'd better prepare for the worst!", rief Dani zurück. Und dann liefen sie in so halsbrecherischem Tempo nach Hause, dass mehrere umherstreifende Katzen ihnen kreischend auswichen.

Als sie nach Hause kamen – Katie hatte knapp gewonnen –, war Dani so erschöpft, dass sie in der Küche nur noch schnell einen Hamburger aß (inzwischen gab es die jeden Tag, und das fand sie richtig gut), bevor sie ins Bett ging. In den wenigen wachen Augenblicken, bevor sie einschlief, dachte sie daran, wie einsam Katie sein musste.

An den Fitnessraum dachte sie nicht mehr.

Nur als sie mitten in der Nacht von einem Gerumpel wach wurde, das so klang, als würde jemand Schränke durch die Gegend werfen, da fiel er ihr wieder ein. Offenbar trainierten die Carpenters gerade.

112 caring: fürsorglich 113 race you home: wer als Erste/r zu Hause ist

Der Verdacht

Am nächsten Morgen schien die Sonne so verlockend in Danis Fenster, dass sie sofort mit einem Brot in der einen und den Inlinern in der anderen Hand nach draußen stürmte.

Als sie sich auf dem Bürgersteig die Inliner anzog, fiel plötzlich ein Schatten auf sie.

„Hey, German girl", sagte eine Stimme, zu der, wie Dani wusste, ein übler Mundgeruch gehörte. Mist!

„Hey, Cyril", antwortete sie lustlos.

„Enjoying your holidays?", fragte Cyril. „Haven't seen you for a while and was worried[114]."

„Thanks for your concern[115], but there's no need to worry", sagte Dani schroff. „I'm fine."

Exercise 20

Gegensätze ziehen sich an! Findest du die Gegensatzpaare in den folgenden beiden Wortlisten? Zum Beispiel: *strong – weak*.

1. *strong – weird – good – night – black – happy – up*
2. *evil – ordinary – down – day – miserable – white – weak*

Cyril grinste schief. „Relax[116]. I just thought because your hosts are kind of weird[117] …"

„They're not weird at all!", ereiferte Dani sich. „Just because they get up later than your average[118] Englishman or -woman and because they cover up to protect[119] their sensitive[120] skin[121] and because they're quite strong …"

114 worried: besorgt 115 concern: Anteilnahme 116 relax: *hier*: schon gut 117 weird: seltsam
118 average: durchschnittlich; Durchschnitt 119 to protect: (be)schützen 120 sensitive: empfindlich
121 skin: Haut

Als Dani Cyrils entgeisterten Blick sah, wusste sie, dass sie in ihrem Ärger zu weit gegangen war. Aber es war schon zu spät – sie konnte nicht mehr zurücknehmen, was sie gesagt hatte.

Cyril stürzte sich natürlich wie ein Geier auf diese neuen Informationen.

„You mean, they are stronger than ordinary[122] people?"

„They ARE ordinary people!", rief Dani.

„Sure", sagte Cyril augenzwinkernd. „And I'm the Prince of Wales. But tell me about their sensitive skin. Did they explain that to you?"

Dani wollte nur noch weg von diesem grässlichen Typen mit seinen blöden Andeutungen. Aber sie konnte das nicht so stehen lassen.

„For your information[123], they have a rare genetic defect that causes[124] some kind of light allergy!"

Cyril zog die Augenbrauen zusammen, und Dani dachte schon, jetzt hätte sie ihm endgültig den Wind aus den Segeln genommen.

„What a remarkable coincidence[125]", sagte Cyril, „that two people with such a rare disease should get married."

Dani wusste im ersten Moment nicht, wovon er sprach. Aber dann durchzuckte es sie wie ein Blitz: Cyril hatte recht! Es war mehr als unwahrscheinlich, dass zwei Menschen mit einer so seltenen Krankheit zusammenfanden. Aber eine andere Erklärung als Zufall gab es nicht. Oder doch:

„Probably they met in a support group[126]", sagte sie triumphierend.

Cyril legte ihr verschwörerisch den Arm um die Schulter.

„I know that you like them, Dani, but you have to face the facts[127]."

Dani schüttelte den Kopf. Sprechen konnte sie nicht, weil sie wegen Cyrils Mundgeruch die Luft anhielt. Zumindest ließ er ihre Schulter wieder los, um es ihr an den Fingern vorzuzählen.

„First, they can't expose their skin to the sunlight. Secondly, they are stronger than ordinary people. Thirdly, they're up all night and sleep in their coffins[128] by day."

122 ordinary: normal, gewöhnlich 123 for your information: damit du es weißt 124 to cause: verursachen 125 remarkable coincidence: bemerkenswerter Zufall 126 support group: Selbsthilfegruppe 127 to face the facts: den Tatsachen ins Auge sehen 128 coffin: Sarg

„What a lot of rubbish[129]!“, rief Dani. „They sleep in beds like everybody else!“ Vor ihrem geistigen Auge erschienen die merkwürdigen Betten, die Holztruhen ähnelten. Aber Särge waren das nicht – sie hatten schließlich keine Deckel!

Cyril musterte sie amüsiert. „You can't deny[130] it any longer, German girl. I bet the Carpenters don't like garlic[131], they don't eat the same things we do, and they're much older than any human being will ever be. Which only leads to one conclusion[132]“, er machte eine Kunstpause und sah Dani mit einer Mischung aus Begeisterung und Entsetzen an. „They're vampires!“

Dani starrte ihn fassungslos an. „You can't possibly mean that[133]!“

Cyril zuckte die Achseln. „I'm just listing[134] the facts.“

Exercise 21

Verlaufsformen. Setze die Verben in die Verlaufsform der Gegenwart (Present Progressive). Zum Beispiel: *I __________ (to list) the facts, Dani! – I'm listing the facts, Dani!*

1. *I __________ (to wonder) why you __________ (to tell) me that.*
2. *They __________ (to have) an argument[135].*
3. *He __________ (to read) a book now.*
4. *You __________ always __________ (to come) late!*

„And I'm just wondering[136] why you're so obsessed with[137] the Carpenters“, sagte Dani.

Cyril verzog das Gesicht, und mit einem Mal wusste Dani, was los war.

129 what a lot of rubbish!: so ein Quatsch! 130 to deny something: etwas leugnen 131 garlic: Knoblauch 132 which only leads to one conclusion: was nur einen Schluss zulässt 133 you can't possibly mean that!: das meinst du doch nicht im Ernst! 134 to list: *hier:* aufzählen 135 to have an argument: streiten 136 to wonder: sich fragen 137 to be obsessed with: besessen sein von

„Now I see“, sie lächelte. „It's Katie. You're after Katie, aren't you? But she doesn't even notice you and that's why you're spreading rumours[138] about her and her parents!“

Cyril lächelte säuerlich. „You don't know anything“, sagte er. „But I'll come up with something[139].“

Er wandte sich zum Gehen, drehte sich aber noch einmal zu Dani um.

„Be careful, Dani. Lock your door at night. And call me to your aid[140] anytime you need to.“

Und damit ließ er sie stehen.

In Dani brodelte es. So ein Idiot! Wie konnte man sich nur so einen Blödsinn ausdenken? Vampire?! Das war einfach lächerlich. Ja, die Carpenters waren anders, keine Frage. Aber dafür gab es schließlich einen guten Grund!

Dani raste die Straße entlang, aber in ihrem Kopf überschlugen sich die Gedanken. Als sie zurückkam, war sie immer noch wütend. Vor allem deshalb, weil ihr Cyrils Theorie nicht mehr aus dem Kopf ging. Obwohl sie natürlich völliger Blödsinn war.

Exercise 22

Buchstabensalat. In den folgenden Wörtern zum Thema *Vampire* sind die Buchstaben völlig durcheinandergeraten. Kannst du sie wieder in die richtige Reihenfolge bringen und übersetzen?

1. *hette* ____________
2. *dolob* ____________
3. *clirag* ____________
4. *focnif* ____________
5. *thislung* ____________

138 to spread rumours: Gerüchte verbreiten 139 to come up with something: sich etwas einfallen lassen
140 to call somebody to one's aid: jemanden zur Hilfe rufen

Die Carpenters schliefen noch, und so war Dani in ihrem Zimmer mit ihren unerwünschten Gedanken allein. Sie musste sich irgendwie ablenken.

Ihr Blick fiel auf Katies Laptop. Schon am zweiten Tag hatten sie ihn in Danis Zimmer gestellt, damit sie Mails schreiben und ein bisschen im Internet surfen konnte, wenn es ihr tagsüber zu langweilig wurde.

Das Internet. Genau. Dani würde einfach mal ein bisschen über Vampire recherchieren. Dann hatte sie beim nächsten Mal etwas in der Hand, womit sie Cyril ein für allemal überzeugen konnte, dass er sich in eine total absurde Idee verrannt hatte.

Total absurd!

Der Vampir-Test

Dani erfuhr mehr über Vampire, als sie je hatte wissen wollen. Erstaunlich, wie viele Menschen sich über die Jahrhunderte mit diesen Fabelwesen beschäftigt hatten!

Es gab viele unterschiedliche Geschichten über sie, aber manche Eigenschaften wurden ihnen in fast allen Erzählungen zugeschrieben: Vampire tranken Blut und hatten große Eckzähne zum Zubeißen (das traf auf die Carpenters schon mal nicht zu), schliefen tagsüber (ja, gut, das stimmte) in Särgen (Katie nicht, die Zimmer von Will und Joana hatte sie noch nie von innen gesehen), waren unsterblich (Unsinn! auch wenn Will so sprach, als wäre er uralt), zerfielen in der Sonne zu Staub (sicher nicht! sonst wäre Katie ja nicht mit Dani zum Supermarkt gefahren), hatten eine magische Anziehungskraft aufs andere Geschlecht (die hatte Katie schon ...), besonders scharfe Sinne (keine Ahnung) und mochten weder Knoblauch noch Kruzifixe.

Damit stand es mindestens fünf zu zwei für die Carpenters und gegen Cyrils These. Aber um ganz sicher zu gehen – damit Dani Cyril beim nächsten Treffen unumstößliche Beweise vorlegen konnte –, beschloss sie, die Carpenters einem kleinen Test zu unterziehen.

„Dinner's ready[141]!", rief Will.

Dani holte eine Plastikdose aus ihrem Koffer und ging ins Wohnzimmer, wo die Hamburger schon auf dem Tisch standen.

„I discovered a little Turkish shop in the village today", sagte sie. „I hope you like garlic paste[142]." Sie öffnete die Dose, und sofort füllte der Knoblauchgeruch das Zimmer.

Katie sah Dani entgeistert an, Will wurde bleich – und Joanna sackte mit einem Schrei in sich zusammen.

141 dinner's ready!: essen kommen! 142 garlic paste: Knoblauchcreme

Sofort war Will bei ihr und trug sie aus dem Zimmer. Katie stolperte hinter ihnen her. Von draußen rief Will:

„Please get that garlic paste out of the house, will you?"

Dani schnappte sich die Dose und trug sie in den Garten. Dort verpackte sie sie fest in einen Plastikbeutel und warf sie in den Mülleimer.

Exercise 23

Abgekürzte Verbformen. Vor allem die Formen der Verben von *to be* und *to have* werden im Englischen oft abgekürzt, zum Beispiel: *I am → I'm*. Finde für die folgenden abgekürzten Formen die ausgeschriebenen Formen heraus, zum Beispiel: *He's just seen her. → He has just seen her.*

1. *Dinner's ready!* ____________________
2. *I'd rather go sunbathing!* ____________________
3. *Will's in the garden.* ____________________
4. *They're playing in the park.* ____________________
5. *We've been there before.* ____________________

Sie fühlte sich miserabel. Aber sie wusste nicht, ob das daran lag, dass sie schuld war, dass Joanna ohnmächtig geworden war – oder daran, dass der Knoblauchtest gewirkt hatte.

Als sie wieder ins Haus kam, saßen die drei bereits wieder am Esstisch.

„My goodness, Dani, you're looking terribly pale[143]!", rief Joanna, als sie sie sah.

143 pale: bleich

„I'm so sorry!", begann Dani, aber Will unterbrach sie:

„No need to apologise[144]. Joanna is fine again. You couldn't possibly have known that she's allergic to[145] garlic."

Nein, gewusst hatte sie es nicht. Aber sie hatte es in Betracht gezogen, sonst hätte sie den Knoblauchtest gar nicht erst gemacht, das wurde Dani jetzt klar. Nur, was sollte sie mit dem Ergebnis nun anfangen? Diese Sache wäre sicher ein gefundenes Fressen für Cyril. Das mit der Allergie würde er garantiert für eine Ausrede halten.

Dani brauchte etwas Besseres als diese zweifelhafte Allergiegeschichte, um Cyril zu überzeugen.

Schweigend aßen sie eine Weile vor sich hin. Schien es Dani nur so, oder fehlte den Carpenters heute wirklich der übliche Appetit? Sie stocherten lustlos in ihrem Fleisch herum, und vor allem Katie bekam kaum einen Bissen herunter.

Aber das lag sicher daran, dass ihnen der Schreck über Joannas Ohnmacht noch in den Gliedern saß.

Exercise 24

Fragewörter. Setze das passende Fragewort in jedem der folgenden Sätze ein: ***what, who, how, where, when, why.***

1. ______ *do you feel?*
2. ______ *do you want to know?*
3. ______ *have you been for so long?*
4. ______*'s told you about the vampires?*
5. ______ *long will it take to paint this wall?*
6. ______ *will we meet again?*

144 to apologise: sich entschuldigen 145 allergic to: allergisch gegen

Klar, Cyril hätte darin wieder einen Beweis für seine Vampirtheorie gesehen. Dani biss wütend in ihren Hamburger. Wenn man es darauf anlegte, konnte man alles so auslegen, dass es in die eigene Vorstellungswelt passte!

Als sie Will kurz darauf bat, eine seiner lustigen Geschichten zu erzählen, tat sie das auch ganz sicher nicht, um ihn zu testen, sondern nur, um das Schweigen zu brechen.

Sofort belebten sich Wills Züge.

„So, what would you like to know, Dani?", fragte er.

Dani wollte schon sagen, er solle einfach irgendwas erzählen, als ihr ein Gedanke kam.

„Tell me how you met Joanna."

Joanna atmete scharf ein, Katie stöhnte und stocherte weiter in ihrem schon ganz zerfaserten Hamburger herum. Die Knoblauchsache schien allen auf den Magen geschlagen zu sein.

„Well, then", sagte Will zögernd, „it was in … in Stratford-upon-Avon … in …"

„In 1982", half Joanna ihm auf die Sprünge.

Will lächelte.

„How could I ever forget that, darling", sagte er zärtlich. „Well, I had left the … the theatre in London where I was working at that time to visit my sick father. There was a tavern[146] in Stratford I knew from my adolescent years[147], where they made excellent swan roast[148]."

Dani war sicher, dass sie das falsch verstanden hatte. Er konnte ja unmöglich „Schwanenbraten" gesagt haben.

„I went there at night to clear my head"[149], erzählte Will weiter, „and to have a beer with my old friend Chris Marlowe."

Katie bekam einen Hustenanfall. Will hielt irritiert inne, dann fuhr er fort:

„And there she was, my Joanna. 'Speak of the spring and foison of the year; The one doth shadow of your beauty show[150] …'"

146 tavern: Wirtschaft, Kneipe 147 adolescent years: Jugendjahre 148 swan roast: Schwanenbraten 149 clear one's head: den Kopf frei bekommen 150 *aus Shakespeares Sonnett 53, übersetzt von Friedrich Bodenstedt:* „Rühmt man den Frühling und des Jahres Fülle: Sie sind die Schatten deiner Schönheit bald …"

„That's enough, dear", sagte Joanna sanft, aber bestimmt. Dabei hätte Dani gern noch mehr gehört. Es klang so poetisch, wenn Will Gedichte rezitierte – auch wenn sie kaum etwas verstand.

„Will, may I ask when you were born?", fragte Dani. Und erst als er antwortete, wurde ihr klar, worauf sie unbewusst hinausgewollt hatte.

„I was born fifteen … erm, fifty-nine. 1959." Will räusperte sich.

Joanna warf ihm einen strengen Blick zu. „Bit by bit[151] you're getting old, my love."

Exercise 25

Falsche Freunde. Das englische Wort *art* sieht aus wie das deutsche Wort *Art*, bedeutet aber etwas ganz anderes, nämlich *Kunst*. Kannst du die folgenden *Falschen Freunde* übersetzen?

1.	*hut*	__________	*Hut*	__________
2.	*also*	__________	*also*	__________
3.	*fast*	__________	*fast*	__________
4.	*brand*	__________	*Brand*	__________
5.	*all day*	__________	*alle Tage*	__________

Ein Versprecher, das kann jedem mal passieren, dachte Dani. Aber sie war sicher, dass Cyril das anders sehen würde. Er würde sofort mit dieser Unsterblichkeitssache kommen, das wusste Dani genau.

Insgesamt, das musste sie sich jetzt eingestehen, hatte ihr Vampir-Test alles nur noch schlimmer gemacht. Sie hatte keinen einzigen Beweis gegen Cyrils Theorie gefunden, nur weitere Verdachtsmomente.

151 bit by bit: allmählich

Aber der entscheidende Punkt war doch – das sagte Dani sich immer wieder, als sie sich später schlaflos im Bett hin und her wälzte –, dass keiner der Carpenters je Anstalten gemacht hatte, sie zu beißen. Oder irgendjemanden sonst. Und wer kein Blut trank, konnte einfach kein Vampir sein. Das musste doch sogar so ein verbohrter Typ wie Cyril begreifen!

Ein unglaublicher Zufall

Exercise 26

Außenseiter. Eins der Wörter in jeder Reihe passt nicht zu den anderen. Findest du es?

1.	*love*	*anger*	*hate*
2.	*strange*	*weird*	*engaged*
3.	*since*	*why*	*how*
4.	*before*	*fire*	*flame*
5.	*strong*	*cold*	*hot*

Dani stand in einem Meer von Flaschen. Flaschen, so weit das Auge reichte. Millionen von Flaschen. Und alle waren mit einer roten Flüssigkeit gefüllt.

Dani öffnete eine Flasche und schnupperte daran. Gott sei Dank, nur Kirschsaft!

Durch das Flaschenmeer kamen Will und Joanna Arm in Arm auf sie zu. Sie schritten einher wie Könige und sahen einfach umwerfend aus in ihren altertümlichen Gewändern. Jetzt winkten sie Dani, zu ihnen zu kommen. Dani hatte Angst, die Flaschen umzuwerfen, aber sie erreichte die Carpenters, ohne eine Flasche auch nur zu berühren.

Will lächelte sein charmantes Lächeln und wies auf den Boden zwischen ihnen. Dort standen, inmitten der Millionen roten Flaschen, zwei nebeneinander, in denen eine klare Flüssigkeit war.

„What a remarkable coincidence", sagte Joanna. „These are the only two bottles in the world which aren't red, and they're standing here side by side."

„That's no coincidence at all, my love", sagte Will.

Dann lächelten sie Dani beide an und entblößten dabei spitze Eckzähne.

Dani schreckte schweißgebadet hoch. Was für ein furchtbarer Alptraum!

Aber der Schreck verflog schnell und machte Wut Platz. Wut auf Cyril, der ihr diesen Vampir-Unsinn in den Kopf gesetzt hatte. Und nun wurde sie ihn nicht mehr los.

Genauso wenig wie diese Ahnung, was ihr Traum bedeuten konnte.

Dani wusste, sie würde nicht wieder einschlafen können, bis sie ihre Vermutung überprüft hatte. So knipste sie die Nachttischlampe an und holte Katies Laptop.

Sie rief Wikipedia auf und gab „erythropoetische Protoporphyrie" ein.

Schnell überflog sie die Symptome (Lichtempfindlichkeit, Schmerzen, Schwellungen, Leberprobleme) und die Ursache (Funktionsstörung eines Enzyms, das für die Blutbildung wichtig ist) und suchte nach der Häufigkeit.

Und da stand es Schwarz auf Weiß: Etwa einer von hunderttausend Menschen litt an dieser Krankheit. Das bedeutete, dass es in ganz Großbritannien – Dani schlug schnell die Einwohnerzahl nach – gut 600 Menschen gab, die erythropoetische Protoporphyrie hatten. Und da Will und Joanna sich nicht in einer Selbsthilfegruppe kennengelernt hatten, sondern in einer Kneipe, war ihr Zusammentreffen wirklich unwahrscheinlich gewesen.

Extrem unwahrscheinlich.

Exercise 27

Wahr oder falsch? Eine der folgenden Aussagen ist falsch. Findest du heraus, welche?

1. *One symptom of erythropoietic protoporphyria is a sensitivity to light.*
2. *Vampires are very strong.*
3. *Will faints*[152] *when Dani presents the garlic paste.*
4. *Joanna and Will met in a pub in Stratford-upon-Avon.*

152 to faint: in Ohnmacht fallen

Schlechte Einflüsse

Aber unmöglich war es natürlich nicht gewesen, dass Will und Joanna sich zufällig über den Weg gelaufen waren, dachte Dani am nächsten Morgen, als die Sonnenstrahlen die verrückten Gedanken der Nacht vertrieben.

Wie immer war sie als Einzige wach. Sie packte ihre Schwimmsachen zusammen und wollte schon das Haus verlassen, als ihr eine Idee kam.

Es gab doch eine ganz einfache Möglichkeit, die Wahrheit herauszufinden! Keine Spekulationen mehr, sondern Gewissheit. Dani brauchte nur eins zu tun.

Sie ging in die Küche. Ihr Herz klopfte wie verrückt, als sie den Kühlschrank sah. Sie legte eine Hand auf den Griff, aber etwas hielt sie zurück. War es die Angst vor dem, was sie entdecken mochte? Oder schämte sie sich einfach, dass sie den Carpenters so wenig traute?

Nein, das war Unsinn. Katie vertraute sie bedingungslos. Egal, welche Geheimnisse sie vor Dani verbergen mochte – Dani wusste, dass Katie ihr niemals schaden oder wehtun würde.

Bei Joanna war sie sich nicht ganz so sicher. Und der charmante Will, der so seltsame Geschichten erzählte …

Mit einem Ruck öffnete Dani die Kühlschranktür. Da standen sie, die Flaschen, und alle trugen ein Etikett. „Cherry“, „Raspberry“, „Redcurrant“ …

Was hast du denn erwartet?, tadelte sie sich selbst. Dass sie „Blood“ aufs Etikett schreiben? Na gut, jetzt war sie schon so weit gegangen, da konnte sie die Sache auch genauso gut zu Ende führen. Sie nahm die erste Flasche und schraubte den Verschluss ab.

Es klingelte an der Haustür. Dani hätte fast die Flasche fallen lassen vor Schreck. Tagsüber klingelte so gut wie nie jemand. Nachts sah das schon anders aus, aber das bekam Dani immer nur im Halbschlaf mit.

Sie öffnete die Tür.

Aber da war niemand.

Dani ging ein paar Schritte hinaus auf die Einfahrt und sah sich um. Der Zeitungsjunge fuhr die Straße entlang, ein altes Paar spazierte gemächlich in Richtung Park, jemand wusch sein Auto. Doch dann entdeckte Dani etwas Ungewöhnliches: Hinter der Hecke des Nachbarhauses lugten ein Arm und ein Bein hervor, außerdem konnte Dani eine Ecke eines Rucksacks sehen.

Sie schnappte sich einen Schlüssel und ging die Straße entlang, achtete aber darauf, nicht zu der Hecke zu sehen.

Als sie daran vorbei ging, drehte sie sich blitzschnell zur Seite.

Drei Jungs, vielleicht sechs oder sieben Jahre alt, sahen erschrocken zu ihr auf.

„Did you ring the doorbell[153]?"

Exercise 28

Hauptsache Hauptwort! Bilde Nomen zu den folgenden Verben. Manchmal sind auch mehrere Nomen möglich! Zum Beispiel: ***explore – exploration.***

1. *ring* ____________________
2. *shine* ____________________
3. *sweet* ____________________
4. *travel* ____________________
5. *send* ____________________

153 to ring the doorbell: an der Tür klingeln

Der rothaarige Junge nickte.

„So why didn't you wait for someone to answer the door[154]?", fragte Dani.

Die drei sahen sich. Dann fasste sich der Kleinste ein Herz.

„We wanted to see the vampires", sagte er schaudernd. „But then we got the jitters[155]. Are you one of them?"

Für einen Augenblick war Dani sprachlos. Dann wurde sie wütend. Aber nicht auf die Jungen, die sie immer noch ängstlich anschauten. Sondern auf Cyril, der seine bescheuerte Theorie inzwischen offenbar überall verbreitete.

„Do I look like a vampire?", fragte sie.

Die drei berieten sich flüsternd. Dann sagte der Rothaarige:

„May we have a look at your teeth?"

154 to answer the door: die Tür öffnen 155 to get the jitters: Angst bekommen

Der letzte Beweis

Nachdem die Jungs sich überzeugt hatten, dass Dani ganz normale Zähne hatte und auch keine Anstalten machte, sie zu beißen oder in der Sonne zu Staub zu zerfallen, kehrte Dani zum Kühlschrank zurück.

Eine Viertelstunde und ungefähr dreißig Flaschen später schloss sie die Kühlschranktür so schwungvoll, dass die Flaschen klirrten. Sie packte ihr Schwimmzeug und stürmte aus dem Haus.

Exercise 29

Ersatzformen. Manche englischen Hilfsverben können nicht in allen Zusammenhängen verwendet werden. Dann braucht man Ersatzformen wie diese: *must – have to, must not*[156] *– not be allowed to.* Übersetze die folgenden Sätze und verwende dabei die Ersatzformen. Manchmal sind beide Formen möglich!

1. *Ich darf heute nicht schwimmen gehen.*

   ____

2. *Ich muss heute kochen.*

   ____

3. *Sie mussten gestern kochen.*

   ____

4. *Er durfte gestern nicht schwimmen gehen.*

   ____

156 must not: nicht dürfen

Diesmal ging sie Cyril nicht aus dem Weg – nein, sie lief schnurstracks zu dem Haus mit dem Springbrunnen und klingelte.

Cyril machte selbst die Tür auf.

„What on earth[157] are you doing here?!", fragte er.

„I have to talk to you", sagte Dani knapp.

„Erm ..." Cyril sah sich nach allen Seiten um.

„Don't be scared, my bloodsucking[158] hosts aren't here."

„Very funny", sagte Cyril säuerlich, kam aber aus dem Haus.

Sie gingen ein Stück die Straße entlang.

„Need my help, finally?", sagte Cyril.

„Not at all"[159], sagte Dani. „But you'll need help if you don't stop spreading rumours about the Carpenters."

Cyril starrte auf Danis Hals.

Dani stutzte, dann bekam sie einen Lachanfall. Sie konnte gar nicht mehr aufhören.

„Stop laughing!", rief Cyril. „It's not funny! I had to make sure[160] that they haven't bitten you!"

Dani verschluckte sich vor Lachen, musste husten, hatte Tränen in den Augen.

„Ooooh!", raunte sie dann und leckte sich demonstrativ die Lippen. „I'm one of them now and I'll bite you, too!" Und dann musste sie sich vor Lachen auf den Bürgersteig setzen.

Zuerst sah es so aus, als wollte Cyril abhauen, so wütend war er. Aber nach einem schnellen Blick zum Carpenter-Haus, das gleich vor ihnen war, zog er Dani grob am Arm hoch und schrie sie an:

„If you don't leave Crow Hill, you won't be laughing much longer!"

„They're no vampires!", schrie Dani zurück. „And I can prove it!"

Cyril ließ ihren Arm los, und sein öliges Lächeln kehrte zurück.

„Tell me all about it", sagte er.

157 what on earth ...?: was, zum Teufel ...? 158 bloodsucking: blutsaugend 159 not at all: überhaupt nicht 160 to make sure: sichergehen

Exercise 30

Synonyme finden. Wir geben dir jeweils ein Wort vor – findest du unter den Auswahlmöglichkeiten das eine Wort, das ungefähr dasselbe bedeutet?

1. *tell*

   a) ring *b) report* *c) dance*

2. *friendly*

   a) kind *b) strange* *c) funny*

3. *move*

   a) sing *b) think* *c) walk*

Hinter ihnen beim Haus der Carpenters raschelte etwas. Dani drehte sich um, aber da war nichts: kein Rolladen, der sich bewegte, kein Busch, hinter dem sich jemand versteckte. Das fehlte ja auch noch, dass die Carpenters etwas von dieser Unterhaltung mitbekamen!

Andererseits: Was Dani jetzt zu sagen hatte, konnten sie ruhig hören.

Sie erzählte Cyril, dass die Carpenters in ganz normalen Betten schliefen, dass ihre Zähne ganz normal aussahen, dass es nirgendwo im Haus Blut gab …

„So you spied on[161] them?“, warf Cyril grinsend ein.

Dani verzog das Gesicht, sagte aber nichts dazu. Ihre Schnüffelei war ihr inzwischen maßlos peinlich. Stattdessen zählte sie weiter Beweise für die Unschuld der Carpenters auf und behauptete zum Schluss sogar, dass sie Knoblauch geradezu liebten. Na gut, das war gelogen – aber es war offenbar genau das richtige Detail, um Cyril nachdenklich zu machen.

161 to spy on someone: jemandem nachschnüffeln

„Did you see them eating it with your own eyes?“, wollte er wissen.

„Sure“, log Dani, ohne mit der Wimper zu zucken. Aber offenbar war sie nicht so überzeugend, wie sie gedacht hatte, denn Cyril runzelte misstrauisch die Stirn.

„Don't know whether I can trust you. You've been living with them for quite a while now.“

Exercise 31

Satzsalat. Die Wörter in den folgenden Sätzen sind völlig durcheinandergeraten. Kannst du sie wieder in die richtige Reihenfolge bringen?

1. *I trust know don't whether you can I*

   ____

2. *you warn just to want I*

   ____

3. *home back go*

   ____

Dani zuckte die Achseln.

„They're quite ordinary people who are just unlucky[162] to suffer from a disease that imposes[163] a lot of restrictions[164] on them. But if you don't want to accept that I can't help you.[165]“

Cyril schüttelte den Kopf.

162 to be unlucky: Pech haben 163 to impose something on someone: jemandem etwas auferlegen
164 restriction: Einschränkung, Beschränkung 165 I can't help you: ich kann nichts dagegen machen

„And if you refuse[166] to see the danger you're in I can't help you, either", sagte er. „All I can do is warn you[167] to leave Crow Hill. Go back home. Today."

Und mit dieser Warnung drehte er sich um und rannte weg.

Wütend machte Dani sich auf den Weg zum Schwimmbad. Sie konnte nur hoffen, dass dieser Blödmann nicht die ganze Nachbarschaft gegen die Carpenters aufbrachte. Er führte sich auf, als wäre er ein Ritter auf einem Kreuzzug gegen das Böse. Vielleicht sollte Dani die Carpenters warnen …

Aber was konnten sie schon dagegen tun? Nein, es hatte keinen Zweck, es ihnen zu erzählen.

Tief in Gedanken versunken, nahm Dani das leise Geräusch kaum wahr, mit dem sich das Küchenfenster im Haus der Carpenters schloss.

166 to refuse: sich weigern, ablehnen 167 to warn someone that they should do something: jemandem dringend raten, etwas zu tun

Eine schrecklich normale Familie

Als Dani nach ihrem Schwimmbadbesuch die Haustür aufschloss, dachte sie zuerst, sie wäre ins falsche Haus geraten.

Der Läufer in den schreienden Farben war verschwunden, dafür lag nun ein einfacher Flickenteppich im Flur. Auf dem Schränkchen mit der Keramikschale stand ein Strauß frischer Blumen, und aus der Küche wehte ein Duft … Ja, das roch nach Pommes!

Dani ließ ihre Schwimmsachen fallen und betrat die Küche. Das heißt, sie wollte sie betreten, aber in der Tür blieb sie wie versteinert stehen.

Exercise 32

Falsche Freunde. Das englische Wort *art* sieht aus wie das deutsche Wort *Art*, bedeutet aber etwas ganz anderes, nämlich *Kunst*. Kannst du die folgenden *Falschen Freunde* übersetzen?

1. *chef* __________ *Chef* __________
2. *familiar* __________ *familiär* __________
3. *meaning* __________ *Meinung* __________
4. *small* __________ *schmal* __________
5. *who* __________ *wo* __________

Das musste eine Fata Morgana sein! Dani rieb sich die Augen, aber auch danach bot sich ihr immer noch derselbe Anblick:

Da stand jemand am Herd und lächelte. Und obwohl die nachtblauen Augen und die schwarzen Locken mit den grauen Strähnen darin nahelegten, dass es sich um Joanna handelte, konnte Dani es nicht glauben. Denn:

Joanna stand nie am Herd.

Joanna trug nie etwas anderes als schwarze, bodenlange Kleider.

Und Joanna würde sich eher lebendig begraben lassen als eine knallrote Schürze mit der Aufschrift „Don't mess with[168] the chef[169]" anzuziehen.

Und dann war da noch dieses hausfrauliche Lächeln, das an Joanna viel unheimlicher wirkte, als spitze Vampireckzähne es je vermocht hätten.

„Dani, it's so nice that you're back home!", rief die Frau, die nicht Joanna sein konnte. „Are you hungry? I've prepared some fish and chips. Hope you like it!"

Als Dani nicht antwortete, fror Joannas werbespotmäßiges Lächeln ein wenig ein.

„Dani? Is everything all right with you?"

„Um, er..."

„Perhaps our dear guest would like a glass of coke, would you?", ertönte Wills warme Stimme hinter Dani.

Dani drehte sich zu Will um – und ihre Knie wurden weich. Sie ließ sich auf den nächsten Stuhl sinken und starrte Will an. Er nahm seelenruhig eine Flasche Cola aus dem Kühlschrank, goss ein Glas ein und reichte es ihr mit einem verschmitzten Lächeln.

„Erm ... yeah ... thank you", brachte Dani mit Mühe heraus.

Denn Will hatte eine ebenso wundersame Verwandlung hinter sich wie Joanna: Statt einer Leinenhose mit weißem Pluderhemd und Samtweste trug er eine löchrige Jeans mit einem grünen Flanellhemd darüber. Auf seinem Kopf thronte eine Art Strohsombrero, und in den Gürtelschlaufen seiner Jeans hingen Gartenwerkzeuge.

168 to mess with somebody: sich mit jemandem anlegen 169 chef: Koch

„There's nothing quite like[170] gardening[171], don't you agree[172]?"
Dani verschluckte sich an ihrer Cola.
„But you don't garden in the bright[173] daylight, do you?", sagte sie.

Exercise 33

Gleich? Oft sehen Nomen und Verben im Englischen gleich aus, zum Beispiel heißt *garden* nicht nur *Garten*, sondern auch *gärtnern*. Bitte übersetze die folgenden Wörter, einmal als Verb und einmal als Nomen.

1. *walk*

   Verb: ______________ *Nomen:* ______________

2. *dance*

   Verb: ______________ *Nomen:* ______________

3. *need*

   Verb: ______________ *Nomen:* ______________

4. *count*

   Verb: ______________ *Nomen:* ______________

Wills Lächeln wurde ein wenig unsicher.

„Of course I don't", sagte er. „Erm … I garden anight[174], but I just felt like[175] putting on my gardening outfit …"

Joanna unterbrach ihn mit einem schrillen Lachen.

„Isn't he hilarious[176]?!", rief sie überschwänglich und fegte dabei mit einer Hand die tiefe, mit Öl gefüllte Pfanne mit dem Fisch vom Herd.

170 there is nothing like …: nichts geht über … 171 gardening: Gartenarbeit 172 to agree: zustimmen 173 bright: hell, grell, leuchtend 174 anight: nachts *(altertümlich)* 175 to feel like doing something: sich danach fühlen, etwas zu tun 176 hilarious: rasend komisch

„Confound it[177]!"

Das war die alte Joanna, wie Dani sie kannte. Aber kurz darauf verwandelte sie sich wieder in die Horrorversion einer Hausfrau, deckte in Windeseile den Tisch und rief dann:

„Lunch is served[178], Katie!"

Dani schaute gebannt zur Tür – und seufzte erleichtert auf, als Katie in ihrem üblichen schwarzen Outfit erschien.

Dani warf ihr einen fragenden Blick zu, aber Katie verdrehte nur die Augen und ließ sich auf ihren Stuhl fallen.

„Oh, Katie, why didn't you put on that blue dress I bought you?", fragte Joanna enttäuscht.

„I'd rather[179] go sunbathing[180]", murmelte Katie.

Exercise 34

Hinsetzen! Im Englischen verändert eine Präposition oft die Bedeutung eines Wortes völlig. Hier sind einige Begriffe mit *put* – kannst du sie ihren deutschen Entsprechungen zuordnen? Bitte verbinde die Wortpaare mit Strichen.

put on	*aufräumen*
put forward	*anziehen*
put down	*zusammensetzen, -bauen*
put together	*abstellen, -setzen*
put through	*vorstellen (Uhr)*
put away	*durchstellen (am Telefon)*

177 confound it: verflixt *(altertümlich)* 178 lunch/dinner is served: zu Tisch 179 rather: *hier:* lieber
180 to sunbathe: sonnenbaden

Joanna gab ihr einen Klaps auf den Arm.

„Why do you have to be so stubborn[181]? We all have to adapt[182] to the modern world, erthyro… disease or not[183]. And having a visitor like Dani gives us the opportunity[184] to do so."

Sie bedachte Dani mit einem Lächeln, das so strahlend war wie ein Atomreaktor.

Katies Murren ging in Wills dröhnendem „Enjoy your meal!" unter.

Dani stürzte sich auf den Backfisch und die Pommes frites.

„Would you like some vinegar with the chips?", fragte Joanna sie. Sie versuchte, den Deckel von der Essigflasche zu schrauben, aber trotz theatralischem Stöhnen gelang es ihr offenbar nicht. Schließlich hielt sie Will die Flasche hin.

„Would you mind opening this for me? I don't seem to be strong enough."

Katie kicherte.

Dani konnte es nicht glauben. Das war doch dieselbe Frau, die Schranktüren herumtrug, als wären es Pappkartons!

Will hatte ihren ungläubigen Blick offenbar bemerkt, denn er nahm seiner Frau demonstrativ die Flasche ab und sagte tadelnd, während er den Deckel abschraubte:

„You must have neglected your training, love. We all have", sagte er kopfschüttelnd.

Joanna strahlte ihn begeistert an. „Why don't we exercise later on[185]? After …", ihr Lächeln wirkte wie eingemeißelt, „… after I'm done with the housework?"

„Brillant idea, wife", sagte Will. „We're no supermen after all", scherzte er, zu Dani gewandt.

„Or superwomen", ließ sich Katie vernehmen, spießte eine Pommes auf und betrachtete sie, als wäre sie ein exotisches Insekt.

181 stubborn: stur, verbohrt 182 to adapt: (sich) anpassen 183 …or not: … hin oder her
184 opportunity: Gelegenheit 185 later on: später

Exercise 35

Singular und Plural. Oft wird der Plural im Englischen gebildet, indem man einfach ein -s an die Singularform anhängt. Aber nicht immer! Findest du die richtigen Pluralformen für die folgenden Wörter?

1. *woman* ____________
2. *way* ____________
3. *box* ____________
4. *city* ____________
5. *shelf* ____________
6. *mouse* ____________

Auch Will stocherte lange in seinen Pommes herum, bis er sich dann doch für ein winziges Stück Backfisch entschied. Er kaute lange darauf herum. Als er Danis amüsierten Blick bemerkte, sagte er:

„Mmmm, I love this chicken."

„Fish!", zischte Joanna.

„Ay ... but it's as tender as a young chicken", erwiderte Will mit einem triumphierenden Lächeln.

„What's going on here?", flüsterte Dani Katie zu, aber die zuckte nur die Achseln und flüsterte zurück: „I'll tell you later."

Shoppen mit Joanna

Nach dem Essen wäre Dani zu gern mit Katie allein gewesen. Sie wollte unbedingt wissen, was Joannas und Wills rätselhaftes Verhalten zu bedeuten hatte. Aber Joanna und Will verhinderten das erfolgreich.

Zunächst lud Will alle zu einer Runde „Monopoly" ein – eine Sonderausgabe, die im elisabethanischen England von vor vierhundert Jahren angesiedelt war. Katie gewann, weil sie sich auf das Aufkaufen der teuren Straßen in Westminster spezialisierte, wo damals viele Adlige wohnten.

Danach bestand Joanna darauf, mit den Mädchen shoppen zu gehen, weil sie dringend neue Sportkleidung brauchte.

Zuerst murrten die beiden. Aber der Besuch in dem Bekleidungsgeschäft in der Einkaufspassage, die rund um die Uhr geöffnet hatte, entpuppte sich dann doch als so erstaunliches Erlebnis, dass Dani es am Ende nicht bereute, mitgefahren zu sein.

Joanna betrat das Geschäft mit energischem Schwung. Sie schaute sich rasch um, wie ein General, der die Lage auf dem Schlachtfeld sondiert. Dann strebte sie zielsicher auf eine Ecke zu, in der Pyjamas und Nachthemden hingen, winkte eine Verkäuferin herbei und fragte sie, während sie auf ein schwarzes Spitzennachthemd deutete:

„What do you think, would that go well with[186] dumbbells[187]?"

Die Verkäuferin starrte Joanna an wie ein Wesen aus einer anderen Welt, dann stotterte sie:

„Please wait here for a moment, while I get the manager."

Sie stürzte eilig davon, und Dani bugsierte Joanna schnell in die Sportabteilung.

Joanna betrachtete die Sportsachen skeptisch, fasste das eine oder andere Teil mit spitzen Fingern an und war offenbar entsetzt. Als die

186 to go with: passen zu 187 dumbbells: Hanteln

Verkäuferin mit der Managerin zurückkam, deutete Joanna auf die Ständer mit den Sporthosen und rief:

„Do you really expect a lady to wear trousers?!"

Katie nahm die Managerin beiseite und redete eine Weile auf sie ein. Daraufhin führte die Managerin Joanna zu einem Regal mit Tennisröcken.

Joanna betrachtete sie skeptisch und sagte schließlich: „All right, I'll take one of those. But find one in black, please."

Die Managerin schüttelte bedauernd den Kopf. „Sorry, madam, we only carry[188] the colours on display[189] on this rack[190], I'm afraid."

Exercise 36

Buchstabensalat. In den folgenden Wörtern zum Thema *Farben* sind die Buchstaben völlig durcheinander geraten. Kannst du sie wieder in die richtige Reihenfolge bringen?

1. *knip* ____________
2. *wolley* ____________
3. *gerne* ____________
4. *gronea* ____________
5. *loveit* ____________

Noch im Auto konnte Joanna sich nicht darüber beruhigen, wie die Geschäfte so an den Bedürfnissen ihrer Kunden vorbei einkaufen konnten.

„I like the blue skirt", sagte Dani. „It goes nicely with[191] your eyes."

„Do you really think so?", meinte Joanna geschmeichelt.

„Absolutely!", bekräftigte Dani.

188 to carry: *hier:* führen (Waren) 189 to be on display: ausgestellt sein 190 rack: Ständer; Regal
191 to go with: passen zu

Katie warf ihr einen dankbaren Blick zu.

Dani war froh, dass sie den Shopping-Ausflug überstanden hatten, ohne dass die Managerin die Polizei gerufen hatte. Es hatte ja nicht viel gefehlt. Vor allem, nachdem Joanna den Ständer mit den heruntergesetzten Jacken nach diesem Mann geworfen hatte. Er hätte eben nicht pfeifen dürfen, als sie in dem rosa Tennisrock aus der Umkleide kam. Nur Katies diplomatischem Geschick war es zu verdanken, dass sie das Geschäft ungehindert wieder hatten verlassen können.

Der Abend konnte also nur noch besser werden.

Fitness für Anfänger

Exercise 37

Wörtersuche. Findet du in diesem Kapitel die englischen Entsprechungen zu den folgenden deutschen Wörtern?

(irgend)jemand, Übung, transportabel, Pfund, später, springen, Dusche, kaum

Dani: lila Sporthose, gelbes T-Shirt, Turnschuhe.

Katie: schwarze Leggins, schwarzes T-Shirt, Sandalen.

Joanna: blauer Tennisrock, blaues T-Shirt, Stiefel mit Pfennigabsatz.

Will: schwarze Samt-Knickerbocker, weißes Pluderhemd, schwarze Samtweste, elegante Lederschuhe.

So traten sie zum Training an.

Will führte sie zielstrebig zu einem Kellerraum, hinter dem – wie Dani sich erinnerte – nur die Schranktüren und ein paar Kisten standen. Aber offenbar hatten die Carpenters in der Zwischenzeit umgeräumt: Jetzt erwartete sie dort ein Trainingsraum wie aus dem Katalog, mit Kraftstation, Laufband, Crosstrainer, Hanteln, Hula-hoop-Reifen und ausgelegt mit dicken rosa Gymnastikmatten.

Nachdem Joanna beim Betreten des Fitnessraums die ersten Löcher in die Matten gebohrt hatte, beschloss man einstimmig, barfuß zu trainieren.

„Would anybody mind if I started with the crosstrainer?“, fragte Dani.

„Go ahead“, sagte Will und deutete galant auf das Laufband.

Katie stöhnte.

Vom Crosstrainer aus hatte Dani einen hervorragenden Blick auf das spannende, aber leider viel zu kurze Schauspiel, das sich ihr in den nächsten Minuten bot.

Will nahm eine riesige Hantel in die Hand, als wäre sie eine Feder. Er betrachtete sie stirnrunzelnd, bevor er sie auf den Boden legte und sich mit einem Fuß darauf stellte. Dann hob er das andere Bein und balancierte wild mit den Armen.

„A wonderful exercise for holding your balance!" rief er enthusiastisch.

„I'd rather do some strength training"[192], sagte Joanna. „So Will doesn't have to open any more bottles for me", fügte sie lächelnd hinzu.

Exercise 38

Kreuzworträtsel. Übersetze die folgenden Wörter zum Thema *Sport* und setze sie in das Kreuzworträtsel ein. Das Lösungswort sagt dir, was man beim Sport gut brauchen kann.

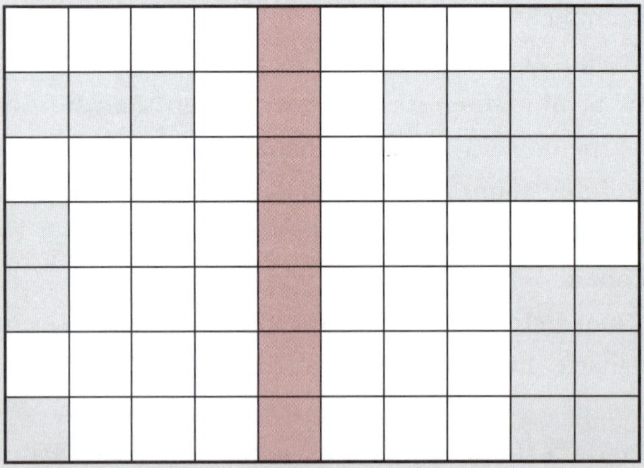

1. Hantel, 2. Matte, 3. Muskeln, 4. Laufband, 5. laufen, 6. Übung, trainieren, 7. dehnen

192 strength training: Krafttraining

„Love give me strength and strength will help me through[193]", sagte Will zärtlich zu Joanna.

Sie warf ihm eine Kusshand zu und näherte sich dem Laufband. Als sie aber las, was oben auf der Bedienungsanleitung stand – an allen Geräten hingen noch Preisschilder und Bedienungsanleitungen, fiel Dani jetzt auf –, ging sie weiter zur Kraftstation, überflog schnell den dort angebrachten Zettel und setzte sich auf die Bank. Sie ergriff die Stange über sich mit beiden Händen, zog einmal – und hielt die abgerissene Stange in der Hand.

„I like this mobile gym equipment[194]. It's so conveniently,[195] you can use it wherever you like", sagte sie, trug die Stange mit zwei Fingern zur nächsten Matte, legte sich auf den Boden und balancierte die Stange auf ihren Füßen. Aber das schien ihr nicht zu gefallen, und schnell sah sie sich nach einer größeren Herausforderung um.

Sie fand sie in der Ecke mit den Hanteln. Sie bestückte eine Stange, bis definitiv keine weiteren Gewichtscheiben darauf passten.

„Only 300 pounds?", murmelte sie unzufrieden.

In der nächsten Minute sah Dani mit offenem Mund zu, wie Joanna das schwere Gewicht so schnell stemmte und dann wieder zur Brust zog, dass Dani die Stange vor den Augen verschwamm.

Dann warf Joanna das 300-Pfund-Gewicht achtlos in eine Ecke, was einen Sprung in der Betonwand zur Folge hatte, und bestieg das Laufband. Das beschäftigte sie einige Minuten – auf höchster Stufe natürlich.

Will hatte derweil seine Balanceübungen mit den Hanteln aufgegeben und sich der Kraftstation zugewandt. Da die Gewichtstange nicht mehr da war, klemmte er die Beine unter die entsprechenden gepolsterten Teile, um die Beinmuskeln zu trainieren. Aber auch er hatte kein Glück an diesem Gerät: Schon beim ersten Mal brach die gesamte Metallkonstruktion ab.

Katie hatte kurz mit der Gewichtstange herumgespielt, nachdem Joanna es aufgegeben hatte, aber als sie Danis fassungslosen Blick bemerkte (auf der Stange waren immer noch 300 Pfund an Gewicht!), wandte sie sich den

193 *aus Shakespeares „Romeo und Julia", übersetzt von August Wilhelm Schlegel:* „Gib, Liebe, Kraft mir! Kraft wird Hülfe leihen." 194 gym equipment: Sportgeräte 195 conveniently: bequem, praktischerweise

Hula-hoop-Reifen zu. Sie ließ sie um ihre Arme wirbeln, dann um ihre Taille, dass einem schon vom Zusehen schwindelig wurde.

„You have to jump through it, Katie!“, rief Joanna vom Laufband herüber. Katie sah Dani fragend an. Dani schüttelte den Kopf, schaute dann aber ebenso fragend zurück.

„Later“, formte Katie lautlos mit den Lippen.

EXERCISE 39

Adjektive steigern. Setze die fehlenden Steigerungsformen der Adjektive ein. Zum Beispiel: *good – better – best*.

dirty		
	more dangerous	
		sweetest
	older	
crazy		

Dani nickte. Sie konnte es kaum erwarten zu erfahren, was das alles hier sollte.

Eins war jedenfalls sicher: Diese Familie hatte noch nie trainiert, und sie brauchte es auch nicht. Sie waren alle gelenkig wie Schlangen und stark wie Ochsen.

Oder wie Vampire.

„That was good“, sagte Joanna, als sie das Training beendeten – Dani schwitzend, die anderen drei ohne jedes Zeichen der Anstrengung. „I was getting out of shape[196]!“

„Let's take a shower then“, sagte Will. „And after that we'll spend[197] a pleasant evening[198] together.“

„Katie and I would like to ... listen to a new CD I bought today“, sog sich Dani aus den Fingern. Wenn sie noch länger auf Katies Erklärung für das unglaubliche Verhalten ihrer Eltern warten musste, würde sie platzen!

Aber Will erwiderte in seiner bestechend charmanten Art:

„Dani, please grant[199] us the pleasure[200] of your presence[201] tonight. There are only but a few days left of your holidays ...“

Wie immer gelang es Dani einfach nicht, ihm zu widersprechen.

Und so saßen sie zusammen, spielten, hörten Wills Geschichten zu, und die Zeit verrann. Gegen vier Uhr morgens sagte Joanna:

„Why don't you go to bed now, Dani? It seems as if you can hardly keep your eyes open.“

Exercise 40

Adjektiv oder Adverb? Adjektive bestimmten Nomen näher, Adverbien Verben. Entscheide in jedem Satz, ob das Adjektiv oder das Adverb richtig ist, und streiche das falsche Wort durch.

1. *She learns English easy/easily.*
2. *Do you think, English is an easy/easily language?*
3. *You look so sad/sadly today!*
4. *Please walk slow/slowly!*
5. *My cat cried angry/angrily when I stepped on her tail.*

196 to be out of shape: nicht in Form sein 197 to spend: verbringen 198 pleasant evening: gemütlicher Abend 199 to grant: gönnen 200 pleasure: Vergnügen 201 presence: Gegenwart, Anwesenheit

„I'll come with you", sagte Katie sofort, aber Will legte ihr eine Hand auf den Arm.

„Your mother and I would like to discuss something with you." Er lächelte Dani an. „Good night, Dani, and sweet dreams!"

Katie versuchte aufzustehen, aber Will hielt ihren Arm mühelos auf dem Tisch fest. Und so zuckte Katie schließlich die Achseln, formte mit den Lippen „tomorrow", und Dani stolperte nach oben in ihr Bett.

Einen Augenblick lang dachte sie an Cyrils Rat, ihre Tür abzuschließen. Aber sie tat es nicht.

Denn trotz Joannas gruseliger Verwandlung und dem ganzen Theater, das man ihr heute vorgespielt hatte, war sie absolut sicher, dass ihr hier keine Gefahr drohte.

Nächtliche Besucher

Exercise 41

Nomen suchen. Unterstreiche alle englischen Nomen auf den nächsten zwei Seiten.

Dani schreckte hoch.

Schlaftrunken sah sie sich im stockfinsteren Zimmer um. Fiel da nicht ein Lichtstrahl durch die Tür? Jetzt wurde er größer – die Tür öffnete sich.

„Katie?", flüsterte Dani.

Die Gestalt in dem schwarzen Umhang antwortete nicht, und keinen Atemzug später stand sie neben Danis Bett. Das Gesicht war von einer riesigen Kapuze verdeckt.

Dani wollte schreien, aber die Gestalt hielt ihr mit einer eiskalten Hand den Mund zu. In ihrer Panik biss Dani zu. Eine klare Flüssigkeit trat aus der Bisswunde. Das war kein Blut, das war … Essig!

„You didn't take my advice[202], now you have to bear the consequences[203]", flüsterte die Gestalt. Sie beugte sich zu Dani hinunter. „You're vampire chow[204] now." Sie ließ Dani los. „Screaming[205] is futile[206]."

Dani drehte den Kopf zur Seite. Der Mundgeruch der Gestalt war einfach unerträglich.

„Get lost[207], Cyril", sagte sie ärgerlich.

„Now that you know it, you have to die", zischte Cyril und legte ihr die Hände um den Hals.

Dani versuchte zu schreien, aber sie bekam keine Luft mehr …

202 to take someone's advice: auf jemanden hören 203 to bear the consequences: die Konsequenzen tragen 204 chow: Futter 205 to scream: schreien 206 futile: zwecklos 207 get lost!: hau ab!

Mit einem Schrei wachte Dani auf. Sie fasste sich an den Hals. Nein, da war nichts. Sie knipste das Licht an und vergewisserte sich, dass niemand im Zimmer war. Aber ihr Herz wollte einfach nicht aufhören zu hämmern.

Dani schreckte hoch. Warum war sie denn diesmal aufgewacht?

„Hush, it's me", flüsterte eine schwarze Gestalt.

Katie! Sie setzte sich auf Danis Bett. Sogar in der Dunkelheit konnte Dani ihre grünen Augen leuchten sehen.

„What's the time?[208]" murmelte Dani schlaftrunken.

„About six", antwortete Katie. „I'm sorry to wake you, but my parents will never leave the two of us alone ever again. And I have to tell you what's going on here."

Exercise 42

Eine Frage der Zeit. Übersetze die folgenden Zeitangaben.

1. *20 Uhr* ________________
2. *ungefähr 15 Uhr* ________________
3. *vorgestern* ________________
4. *übermorgen* ________________
5. *um 7 Uhr morgens* ________________

Sie seufzte. „The play they performed today was more torturous than convincing[209], wasn't it?"

Dani richtete sich auf und rieb sich den Schlaf aus den Augen.

„Parents can be extremely embarrassing[210]."

208 what's the time?: wie spät ist es? 209 more torturous than convincing: eher peinlich als überzeugend 210 embarrassing: peinlich

„You said it[211]!“, bestätigte Katie. „But they have a good reason for their peculiar[212] behaviour[213]. They wanted to convince you that we are ordinary people, just like everybody else.“

Dani lachte. „Well, that was a complete flop[214], then!“

„I know.“ Katie wurde ernst. „But there's a lot at stake[215] for us. There are some neighbours who are already backbiting us[216]. I don't really care, but my parents …“ Katie schlang die Arme um ihren Oberkörper, als wäre ihr kalt.

„They know what might happen. They know what a riotous[217] mob can do.“

Dani runzelte die Stirn.

Dass Nachbarn jemanden schnitten und Lügen über ihn verbreiteten, das passierte leider. Und jemand mit einer so ungewöhnlichen Krankheit wie die Carpenters war für solche Leute vermutlich ein gefundenes Fressen. Doch ein Lynchmob? So etwas wäre vor ein paar hundert Jahren möglich gewesen. Aber heute? Das konnte Dani sich beim besten Willen nicht vorstellen.

Exercise 43

Pronomen suchen. Unterstreiche alle englischen Pronomen wie *I, my, we* in den nächsten fünf Absätzen.

„Maybe some neighbours are talking behind your back“, sagte sie. „But you could approach them[218]. Take a first step and invite them, say[219], for a night-time[220] barbecue.“

„I don't know whether that wouldn't make things worse[221]“, meinte Katie zweifelnd. „I can very well imagine[222] Dad telling Shakespearian jokes

211 you said it: du sagst es 212 peculiar: eigenartig 213 behaviour: Verhalten 214 to be a complete flop: in die Hose gehen 215 there is a lot at stake: es steht viel auf dem Spiel 216 to backbite someone: hinter jemandes Rücken reden 217 riotous: tobend, aufrührerisch 218 to approach somebody: sich jemandem nähern 219 say: *hier:* sagen wir mal, zum Beispiel 220 night-time: nächtlich 221 to make things worse: die Sache nur noch schlimmer machen 222 to imagine: sich vorstellen

nobody understands. And Mum breaking the arm of some brash[223] neighbour who had one too many[224]."

Dani lachte. „All right, bad idea!"

„And anyway", sagte Katie, „we've tried things like that many times before. Feels like a million times we had to move[225] ..."

Dani schluckte. Was für ein furchtbares Leben hatte Katie bislang führen müssen! Nie lange genug an einem Ort, um Freunde finden zu können ...

„But, Katie, why did they try to convince me? I mean, I don't care how 'normal' and well-adjusted[226] you are. I would never do anything to harm you!"

Katie umarmte ihre Freundin.

„I know that", sagte sie heiser. „But they don't. They still think that you would change your mind if you knew ..."

In diesem Moment drang Wills sanfte Stimme zu ihnen herein:

„Katie?"

Katie sprang auf. „I'll tell you the rest tomorrow!"

Sie lief zur Tür, drehte sich aber noch einmal um. Ihr Gesicht leuchtete bleich, und in diesem Moment kam sie Dani vor wie ein Wesen aus einer anderen Welt.

„Friends? For better or worse[227]?", flüsterte Katie.

„For better or worse", bestätigte Dani.

Dann war Katie verschwunden.

Dani lag noch lange wach. Sie war zu müde, um sich gegen die Gedanken zu sträuben, die in ihrem Kopf kreisten. Und das war gut so, denn zum ersten Mal betrachtete sie die ganze Sache mit den Carpenters unvoreingenommen. Und plötzlich ergab alles einen Sinn. Plötzlich wusste sie, was Katie ihr die ganze Zeit hatte sagen wollen.

Aber statt panisch aus dem Haus zu flüchten, kuschelte Dani sich nur tiefer in ihre Decke.

Alles war gut. Sie war sicher. Und morgen würden sie alles klären.

223 brash: aufdringlich 224 one too many: ein Glas zu viel 225 to move: umziehen 226 well-adjusted: gut angepasst 227 for better or worse: was immer auch geschieht

Danis Erkenntnis

Am nächsten Tag war Dani wie gerädert, obwohl ihre Uhr unmissverständlich sagte, dass es schon Nachmittag war. Sie drehte sich um, konnte aber nicht wieder einschlafen. Als es dann auch noch an der Tür klingelte, gab sie es endgültig auf.

An der Tür fand sie einen Zettel, den jemand durch den Briefkastenschlitz geworfen hatte.

„Get gone[228]! Or you'll live to regret it[229]!"

Exercise 44

Gegensätze ziehen sich an. Findest du die Gegensatzpaare in den folgenden beiden Wortlisten? Zum Beispiel: *live – die*.

1. *bad – tired – live – easy – front – brave – sell – enter*
2. *hard – exit – shy – alert – back – die – buy – good*

Dani zerknüllte den Zettel. Cyril! Entweder hatte er selbst den Zettel geschrieben, oder er hatte inzwischen auch noch andere mit seiner blöden Vampirhysterie angesteckt.

Dani steckte den Zettel ein, um ihn irgendwo draußen wegzuwerfen. Die Carpenters durften ihn auf keinen Fall sehen.

Dann zog sie ihre Inliner an und fuhr los, einfach ins Blaue hinein, ohne Ziel.

Das heißt, ein Ziel hatte sie schon. Aber das war kein Schwimmbad, kein Shoppingcenter oder Park. Was sie brauchte, war ein Plan.

228 get gone!: verschwinde/t! 229 to live to regret something: etwas bereuen

Es dämmerte schon, als Dani sich auf den Rückweg machte. Sie war weiter gefahren als je zuvor und hatte nur eine vage Ahnung, wie sie wieder nach Crow Hill kommen sollte. Bei ihrem überstürzten Aufbruch hatte sie zudem ihr Handy vergessen und konnte auch Katie nicht anrufen. Sie wartete sicher schon auf sie!

Obwohl Dani so lange unterwegs gewesen war, hatte sie immer noch keinen Plan ausgetüftelt, wie sie die Nachbarn von der Harmlosigkeit der Carpenters überzeugen konnte. Aber irgendetwas musste sie sich einfallen lassen!

Umso mehr, weil sie selbst inzwischen keinerlei Zweifel mehr daran hatte, dass die Carpenters tatsächlich Vampire waren.

Das war es, was Katie ihr die ganze Zeit hatte sagen wollen, da war Dani sich seit letzter Nacht völlig sicher. Denn auch wenn Cyril ein Blödmann war: Die Anzeichen hatte er richtig gedeutet. Und auch Dani hätte das wohl getan, wenn sie nicht so felsenfest davon überzeugt gewesen wäre, dass es Vampire einfach nicht gab, nicht geben konnte.

Exercise 45

Außenseiter. Eins der Wörter in jeder Reihe passt nicht zu den anderen. Findest du es?

1.	*miles*	*seconds*	*kilometres*
2.	*under*	*below*	*behind*
3.	*explain*	*suppose*	*guess*
4.	*difficult*	*grey*	*easy*
5.	*shout*	*jump*	*cry*

Die Erklärung mit der eryth…, mit dieser Krankheit hatte ihr da gut in den Kram gepasst. Aber bei Licht besehen (eine blöde Redensart, wenn es um Vampire ging!) erklärte die Krankheit ausschließlich, dass die Carpenters nicht in die Sonne gingen. Alles andere – ihre ungeheuren Kräfte, ihre eigenartige Anziehungskraft, ihre seltsamen Ernährungsgewohnheiten – passte überhaupt nicht dazu.

Endlich, ein Straßenschild. Aber bis nach Crow Hill waren es noch sechs Meilen! Wenn Dani ankam, würde es schon dunkel sein.

Sie lief weiter, und ihre Gedanken liefen auch.

Klar, sie hatte Vampire immer für Märchengestalten gehalten. Aber sie hatte auch ein bisschen Angst gehabt, nachdem Cyril ihr diese Idee in den Kopf gesetzt hatte. Das war nun vorbei. Nach dem grotesken Auftritt von Will und Joanna am vorigen Tag war Dani endgültig überzeugt, dass sie tatsächlich Vampire waren. Genauso, wie sie davon überzeugt war, dass sie ihr niemals etwas Böses antun würden.

Als sie sich die unglaubliche Wahrheit eingestanden hatte, hatte plötzlich alles einen Sinn ergeben, was ihr zuvor solches Kopfzerbrechen bereitet hatte: ihr Bett, das keine Holztruhe, sondern tatsächlich ein Sarg war. Die angeblichen Schranktüren – in Wirklichkeit Sargdeckel. Wills Geschichten, die sich so anhörten, als wären sie vor Jahrhunderten passiert – weil es genau so war. Und Joannas energische Bemühungen, all das zu verschleiern, weil jede Kleinigkeit doch immer nur zu demselben Schluss führen musste: dass die Carpenters Vampire waren.

Wie sie das mit dem Blut machten, das konnte Dani sich allerdings nicht erklären. Im Kühlschrank gab es keines, davon hatte sie sich ja überzeugt. Und niemals hatte es auch nur das geringste Anzeichen dafür gegeben, dass die Carpenters Dani hätten beißen wollen.

Natürlich hatte Dani keine Ahnung, was sie den größten Teil der Nacht über machten, wenn Dani schlief. Aber trotz allem, was sie inzwischen wusste, glaubte sie einfach nicht daran, dass sie Menschen bissen und ihr Blut tranken.

Wenn sie sich erst einmal ausgesprochen hatten, würde sie Katie am Ende auch danach fragen.

Obwohl sie es nicht erwarten konnte, zurück zu den Carpenters zu kommen, musste Dani die letzten drei Meilen langsamer fahren, denn inzwischen war es dunkel geworden. Aber zum Glück kannte sie diesen Teil des Weges so gut, dass sie ihn auch ganz ohne Licht gefunden hätte.

Sie erreichte das Haus der Carpenters und ließ sich auf die Stufe vor der Tür fallen. Doch bevor sie ihre Inliner ausgezogen hatte, wurde die Tür aufgerissen.

„Dani! I'm so glad that Katie's found you at last!"

Joanna umarmte Dani und betrachtete dann stirnrunzelnd ihren Fuß.

„Are you okay?"

„Sure, why shouldn't I be?", sagte Dani verwirrt.

„Good", sagte Joanna und sah sich suchend um. „But where is Katie?!"

Exercise 46

Wahr oder falsch? Eine der folgenden Aussagen ist falsch. Findest du heraus, welche?

1. *Dani finds a note reading „Get gone!"*
2. *When Dani went inline skating, she forgot to take her mobile phone.*
3. *Dani is convinced now that the Carpenters really are vampires.*
4. *Cyril chases Dani down the street.*

Katie ist weg

„I don't know", sagte Dani, „I haven't seen her yet."

Joannas nachtblaue Augen weiteten sich.

„But how … ? She went to look for[230] you with this boy … He told us that you had twisted your ankle[231] …"

Alarmiert sprang Dani auf.

„Which boy?"

„Well", Joanna überlegte, „He's one of the boys from the neighbourhood[232]. I don't know his name, but he really has got bad breath[233] …"

Cyril!

Exercise 47

Unregelmäßigkeiten. Viele Verben im Englischen – vor allem solche, die oft gebraucht werden – werden unregelmäßig gebildet, zum Beispiel: *send – sent – sent*. Setze in der folgenden Liste die fehlenden Verbformen ein.

catch		
	could	
		held
	knew	
lose		

230 to look for someone: nach jemandem suchen 231 to twist one's ankle: mit dem Fuß umknicken
232 neighbourhood: Nachbarschaft 233 to have bad breath: Mundgeruch haben

Dani zog hastig ihre Inliner wieder an.

„Where did they go?", rief sie.

„Well, I think they went this way." Joanna zeigte die Straße hinunter. „But what …"

Für einen winzigen Moment wollte Dani Joanna sagen, was sie befürchtete. Aber dann entschied sie sich, die Sache allein in die Hand zu nehmen. Denn wenn sie Joanna von Cyril erzählte, würde das alles nur noch schlimmer machen. Eine wütende Vampirin, die durch Crow Hill fegte – danach hätten die Carpenters keine Chance mehr, ihre Nachbarn für sich zu gewinnen und friedlich hier zu leben. Und wenn es irgendeine Möglichkeit gab, dass sie nicht zum x-ten Mal umziehen mussten, dann wollte Dani sie nicht zerstören.

Außerdem war auch Katie eine Vampirin, und Dani hatte wahrscheinlich nur einen Bruchteil dessen gesehen, wozu sie imstande war. Cyril konnte ihr nichts anhaben.

Das sagte Dani sich jedenfalls immer wieder, während sie die Straße hinunter raste.

Tod den Vampiren!

Exercise 48

Wörtersuche. Findet du in diesem Kapitel die englischen Entsprechungen zu den folgenden deutschen Wörtern?

erschrecken, gemein, heute Abend, beantworten, Park, Vampirjäger, als Geisel nehmen

Die Straße war wie ausgestorben.

Klar, jetzt war Abendbrotzeit, und die meisten saßen zu Hause beim Essen. Aber Dani war mit Katie um diese Zeit schon oft unterwegs gewesen. Und zumindest einige Jugendliche hatten sich immer auf der Straße herumgetrieben.

Doch an diesem Tag war niemand draußen. Bis auf eine Frau mit einem kleinen Jungen an der Hand. Dani erkannte den Rotschopf, der sich mit seinen Freunden in der Hecke versteckt hatte, um Vampire zu sehen.

Sie war schon an den beiden vorbei, als der Kleine zu singen anfing:

„Death to all vampires! Death to all vampires!"

Dani stoppte so abrupt, dass sie fast gestürzt wäre. Sie raste zu dem Jungen zurück.

„What did you just say?!"

Obwohl Dani es gar nicht wollte, musste sie wohl geschrien haben, denn die Mutter des Jungen zog ihn zu sich heran und legte schützend die Arme um ihn.

„Hey, lady, no reason to scare him! Sammy didn't mean any harm[234]!"

234 to mean no harm: nicht böse meinen

„I'm sorry", sagte Dani atemlos. „But I have to know …" Sie beugte sich zu Sammy hinunter, der sie ängstlich ansah. „Sammy, can you tell me where you heard that?"

Sammy nickte mit großen Augen.

Dani wartete, dann fiel der Groschen bei ihr. Der Junge nahm es sehr genau.

„Then please tell me", sagte sie.

„It was Cyril", antwortete Sammy wie aus der Pistole geschossen. „He says that the vampires'll bite us all and that's why he has to take one of them hostage[235]."

Exercise 49

will-Future. Setze die folgenden Sätze ins Futur, das mit _will_ gebildet wird. Zum Beispiel: _The vampires bite us._ → _The vampires will bite us._

1. *Sammy answers the question.*

   ____

2. *Do you get inline skates?*

   ____

3. *They open the door.*

   ____

Seine Mutter hielt Sammy auf Armeslänge von sich und sah ihn verwirrt an.

„What do you mean, he has to take a vampire hostage?"

Aber Dani wusste genau, was Sammy meinte. Doch wie konnte das sein? Katie war so stark …

235 to take someone hostage: jemanden als Geisel nehmen

„Sammy, did you see Cyril and the vampire girl tonight?"

„Don't give him silly ideas!", empörte sich Sammys Mutter und zog ihren Sohn von Dani weg.

„Please let him answer the question!", flehte Dani. „Please!"

Offenbar sah sie so verzweifelt aus, wie sie sich fühlte, und so ließ Sammys Mutter es zu, dass er antwortete.

„Yes", sagte Sammy und nickte heftig.

Dani seufzte. „And do you remember where you saw them?"

Sammy deutete die Straße hinunter.

„They went down to the park." Dann winkte er Dani zu sich heran. Sie beugte sich hinunter, so dass er ihr ins Ohr flüstern konnte.

„The girl was quite upset[236]. I don't think she really wanted to go with him. Do you think Cyril is a vampire hunter?"

Hätte Dani nicht solche Angst um Katie gehabt, hätte sie gelacht. So schüttelte sie nur den Kopf.

„I think he's just a nasty boy."

Sammy nickte ernst.

„That's what I thought. Otherwise he wouldn't have talked with those others guys yesterday about capturing[237] Katie."

Exercise 50

Satzsalat. Die Wörter in den folgenden Sätzen sind völlig durcheinandergeraten. Kannst du sie wieder in die richtige Reihenfolge bringen?

1. *thought I what that's*
2. *girl upset was the quite*
3. *him please question answer let the*

236 upset: aufbracht, durcheinander 237 to capture: gefangen nehmen

Die Suche

„I'm sorry", sagte Sammys Mutter. „My son really has a vivid imagination[238]."

Dani musste sich zusammenreißen, um nicht laut zu schreien. Sie hatten Katie! Aber sie durfte sich nichts anmerken lassen, sonst hätte Sammys Mutter sicher die Polizei geholt. Und wenn Dani die Carpenters schützen wollte, war die Polizei das Letzte, was sie brauchte.

Und so lachte Dani, obwohl ihr zum Weinen zumute war. Bevor sie aufstand, um wegzufahren, flüsterte sie Sammy aber noch ins Ohr:

„Thank you very much."

Dann sauste sie die Straße hinunter. In Richtung des Parks, der wie eine mondbeschienene Kreatur der Nacht auf sie wartete.

Tatsächlich war der Park nur an wenigen Stellen beleuchtet. Die Stadt musste sparen, und außerdem hatte man kein Interesse daran, dass sich irgendwer dort nachts herumtrieb.

Die Jugendlichen des Ortes taten es deshalb natürlich erst recht, um zu knutschen und heimlich Partys zu feiern.

Exercise 51

Gegensätze ziehen sich an. Findest du die Gegensatzpaare in den folgenden beiden Wortlisten? Zum Beispiel: ***here – there.***

1. *here – salty – below – about – all – allow – fix*
2. *above – prohibit – exactly – break – sweet – there – none*

238 vivid imagination: blühende Fantasie

Heute Nacht, dachte Dani düster, ging es aber um keine Party. Heute Nacht ging es … Ja, worum ging es Cyril und seinen Freunden eigentlich? Wollten sie Katie Angst machen? Sie dazu bringen, dass sie mit ihren Eltern aus Crow Hill weg zog? Oder …

Nein, daran wollte Dani nicht einmal denken. Trotzdem kamen ihr Bilder aus Büchern und Filmen in den Kopf. Bilder von Vampiren, die in die Enge getrieben wurden. Von Menschen mit Holzpfählen …

Nein, so weit würde es nicht kommen. Wahrscheinlich hatte Katie sich sowieso längst befreit. Sie war allemal stärker als ein paar Jugendliche.

Die Straßenlaternen, die den Weg durch den Park säumten, leuchteten matt. Abseits des Weges war es stockfinster.

Aber Dani konnte nicht auf dem Weg weiterfahren. Ihre Inliner machten einen ohrenbetäubenden Lärm im nächtlich stillen Park, und sie konnte nicht riskieren, entdeckt zu werden.

Kurzentschlossen zog Dani ihre Inliner aus und lief barfuß weiter.

Der Weg machte eine Kurve, und Dani wäre beinahe in jemanden hineingelaufen.

Für einen Moment sahen Dani und das eng umschlungene Pärchen sich erschrocken an, dann sagte Dani: „Sorry“ und rannte weiter.

„You shouldn't be here that late at night“, rief der junge Mann ihr nach. „You never know who's lurking around[239].“

Das kannst du laut sagen, dachte Dani. Aber sie hatte ja keine Wahl.

Dani konnte kaum etwas erkennen, trotzdem rannte sie. Und hätte sie nicht im letzten Moment das Schild mit der Aufschrift „No fishing[240]!“ gesehen, wäre sie wohl in den See gefallen, der plötzlich wie aus dem Nichts auftauchte. So trat sie nur in den schlickigen Boden – ganz schön eklig ohne Schuhe –, bevor sie anhielt.

Der See war nicht groß, soweit sie das erkennen konnte. In der Mitte gab es eine winzige Insel, gerade groß genug für eine kleine Hütte und einige Bäume.

239 to lurk around: herumschleichen 240 no fishing: Angeln verboten

Dani wollte schon weiter laufen, als sie leise Stimmen hörte.

Panisch schaute sie sich um. Wer war das? Und vor allem: Wo waren sie? Die Stimmen klangen so nah, als müsste Dani die dazugehörigen Leute eigentlich sehen …

Sie schaute zurück zu der kleinen Insel. Da bewegte sich doch etwas! Ja, und daher kamen auch die Stimmen!

Nein, sie war nicht heimlich gebissen worden und hatte deshalb nun die scharfen Sinne eines Vampirs, dachte Dani voller Galgenhumor. Das war einfache Physik: Übers Wasser verbreitete Schall sich eben besonders gut.

Ihre Augen hatten sich mittlerweile an die Dunkelheit gewöhnt, und allmählich konnte sie einzelne Gestalten auf der Insel ausmachen. Es waren mindestens sechs, sieben Leute, die durcheinander redeten. Dann rief jemand „Shut up!“ und die anderen verstummten.

Dani hätte schwören können, dass das Cyril gewesen war. Und wo Cyril war, da war vermutlich auch Katie.

Dani musste hinüber auf diese Insel.

Zehn gegen eine

Das war allerdings leichter gesagt als getan.

Es dauerte zwar nicht lange, bis Dani eine kleine Bucht mit zwei alten Holzbooten gefunden hatte. Aber sie nützten ihr überhaupt nichts. Denn es stand außer Frage, dass sie nicht zur Insel rudern konnte. Auch wenn sie leise gerudert wäre, hätte jeder sie sehen können, der zufällig in ihre Richtung blickte.

Dani umrundete den See, aber es gab nirgendwo eine Landzunge, über die sie hätte gehen können.

Es blieb ihr also nur eine einzige Möglichkeit. Wenn sie all ihre Kräfte zusammennahm, konnte es vielleicht klappen …

Schon drangen wieder Stimmen übers Wasser. Sie konnte zwar nicht verstehen, was sie sagten – aber der Tonfall war unmissverständlich.

Es klang nach einem wütenden Lynchmob.

Dani schlüpfte aus ihrer Jeans, zog ihre Uhr aus und ließ sich, nur in Unterhose und T-Shirt, ins Wasser gleiten.

Die Luft war immer noch warm, aber das Wasser war kälter, als Dani erwartet hatte. Kein Problem: Ihr würde schon noch warm werden, bis sie die Insel erreicht hatte.

Dani war eine gute Schwimmerin, und so machte sie kaum ein Geräusch, als sie zur Insel hinüberschwamm. Aber trotzdem hatte die Angst sie fest im Griff.

Was, wenn sie nicht durchhielt?

Was, wenn jemand genau in ihre Richtung schaute und ihren Kopf sah, der aus dem Wasser ragte?

Was, wenn sie Katie etwas antaten?

Nein, daran durfte sie nicht denken. Es waren ja schließlich keine blutrünstigen Erwachsenen, die Katie in ihrer Gewalt hatten, sondern

Jugendliche mit etwas zu viel Fantasie. Sie würden Katie vielleicht ein bisschen ärgern und piesacken. Aber sie würden nicht …

Dani schwamm schneller. Trotzdem dauerte es eine gefühlte Ewigkeit, bis sie die Insel erreicht hatte.

Exercise 52

Wahr oder falsch? Eine der folgenden Aussagen ist falsch. Findest du heraus, welche?

1. *In the park, Dani meets an elderly couple.*
2. *Dani has to swim through a lake to get to the small island where Katie is.*
3. *Sammy has red hair.*
4. *Dani is a good swimmer.*

Nur den Kopf aus dem Wasser gereckt, sah sie sich um. Sie konnte die Jugendlichen wenige Meter vor sich sehen. Es waren acht … nein, da waren noch zwei! Sie hantierten mit Stöcken, und hier und da flackerte eine Taschenlampe auf.

Dani kannte zwei der Jungs und ein Mädchen von ihren morgendlichen Ausflügen: Dennis, Paul und Annie lebten alle in derselben Straße wie die Carpenters, und es versetzte Dani einen Stich, dass sie sich für diese verrückte Vampirjagd hatten einspannen lassen.

Deren Anführer nur einer sein konnte: Cyril. Und Dani erkannte ihn sofort, obwohl er im Dunkeln stand. Er war es, der die anderen herumkommandierte.

Nun trat er einen Schritt zur Seite, und Dani sah, was Cyrils Körper bislang verdeckt hatte: Katie!

Sie war mit einem so langen Strick an den dicken Laternenpfahl gefesselt, der vor der verfallenen Hütte stand, dass sie wie eine Mumie wirkte. Der Strick ließ nur ihre grünen Augen frei, die wütend blitzten.

Sie konnte sich nicht bewegen, und sie konnte auch nicht sprechen. Denn quer über ihren Mund und rund um ihren Kopf hatte jemand dickes silbernes Klebeband geklebt.

Es wird ernst

Was hatten sie mit Katie vor? Dani wusste es nicht, aber es war ihr auch egal. Tatsache war, dass sie Katie gefangen hielten. Und so verbissen, wie Cyril wirkte, hatten sie vermutlich nicht vor, sie einfach wieder laufen zu lassen.

Im Mondlicht erkannte Dani jetzt, wozu die Stöcke dienten, die Cyrils Helfer sammelten: Sie schichteten sie zu einem Scheiterhaufen auf.

Sie wollen nur ein Feuer machen, versuchte Dani sich einzureden. Schließlich wurde es allmählich kühl.

Dani konnte Wortfetzen hören:

„I didn't believe in vampires, but Cyril says …" – „She really has supernatural strength!" – „Imagine a vampire coming through your window at night …"

Exercise 53

Buchstabensalat. In den folgenden Wörtern zum Thema *Nacht* sind die Buchstaben völlig durcheinandergeraten. Kannst du sie wieder in die richtige Reihenfolge bringen und übersetzen?

1. *nomo*
2. *trass*
3. *mardes*
4. *thrahmneig*
5. *klatben*

Dani zitterte. Aber das lag nur zum Teil an ihren nassen Klamotten.

Sie musste etwas unternehmen, schnell, bevor Cyril etwas Furchtbares tat. Aber was konnte sie tun? Selbst wenn sie Katie unbemerkt erreichen konnte: Sie hatte kein Messer. Und auch das hätte ihr nichts genützt, denn bis sie Katie ausgewickelt hätte, wäre sie längst entdeckt worden.

Ihr Handy hatte sie auch nicht dabei. Bis jetzt hatte sie zwar bewusst jede Gelegenheit vermieden, Erwachsene einzuweihen und um Hilfe zu bitten, weil sie die Carpenters schützen wollte. Nun aber hätte sie jede Hilfe angenommen – doch jetzt war es zu spät. Sie war allein gegen zehn, sie hatte nichts außer ihren nassen Klamotten …

Und die Zeit wurde knapp. Schon entzündete Cyril persönlich den Scheiterhaufen, der bedrohlich nah an dem Laternenpfahl lag, an dem Katie festgebunden war. Er packte einen langen Stock und hielt ihn so lange ins Feuer, bis sein Ende brannte. Dann hielt er Katie den brennenden Stock so dicht vors Gesicht, dass Dani auch aus den vielleicht fünf Metern Entfernung ihren Gesichtsausdruck genau erkennen konnte.

„Admit[241] that you're a vampire!"

Widerwillig musste Dani lächeln. Katie zeigte nicht die Spur von Angst – in ihren funkelnden Augen standen nur Wut und kalte Verachtung. Sie hatte nicht aufgegeben, und das würde Dani auch nicht tun. Stattdessen würde sie zurückschwimmen, so schnell sie konnte, und Hilfe holen. Das würde sicher nicht länger als zehn, fünfzehn Minuten dauern. Sie musste nur zurück an Land und dann den Nächstbesten ansprechen und sich sein Handy ausleihen.

Doch dann sah Dani Cyrils Gesichtsausdruck im Schein des brennenden Stockes, und ihr wurde klar, dass sie dafür keine Zeit mehr hatte.

Seine Miene war so hasserfüllt, dass Danis Knie nachgaben. Cyril mochte erst sechzehn sein, aber in seinem Hass war er alles andere als ein Kind. Dani hatte keinen Zweifel, dass er alles tun würde, um die Vampire zu besiegen.

241 to admit: gestehen

Alles.

Und in diesem Moment fasste Dani einen Plan. Er war verrückt, und sie hatte so gut wie keine Chance. Wahrscheinlich würde sie sogar alles noch schlimmer machen. Aber es war das Einzige, was sie tun konnte.

Dani richtete sich auf. Sie zog ihr nasses T-Shirt glatt, verließ ihre Deckung – und ging zielstrebig auf den Scheiterhaufen zu.

Eine gegen zehn

Katie, die genau in Danis Richtung blickte, sah sie zuerst. Ihre Augen weiteten sich vor Schreck, und sie versuchte, den Kopf zu schütteln, was ihr wegen des Klebebands nur ansatzweise gelang.

Dani lächelte sie an. Sie hoffte, dass ihr Lächeln zuversichtlich wirkte, obwohl sie innerlich zitterte wie Espenlaub.

Dann hatte Annie sie auch entdeckt.

„What the heck[242] … Is that you, Dani?"

„Hi Annie", sagte Dani und schaute in die Runde. „Hi Paul, hi Dennis, hi everybody[243]."

Sie war heilfroh, dass ihre Stimme ganz normal klang.

Annie sah verlegen zu Boden, und auch Dennis und Paul schienen sich nicht wohl zu fühlen.

Sehr gut. Vielleicht hatte Dani mit ihrem verrückten Plan ja doch eine kleine Chance …

„I warned you to leave Crow Hill", sagte Cyril mit schneidender Stimme. Er fuchtelte Dani mit seinem brennenden Stock vor der Nase herum. „But it seems as if you've decided to fraternise[244] with your bloodsucking hosts. Now you have to bear the grim[245] consequences."

Dani hatte Cyril immer schon abstoßend gefunden, mit seinem Mundgeruch und seinen gemeinen Verdächtigungen. Aber gefährlich hatte er nie auf sie gewirkt. Das war nun anders. Offenbar hatte er eine unsichtbare Grenze überschritten, und nun brannte er geradezu vor Hass.

Als sie sein verzerrtes Gesicht sah, verlor sie jede Hoffnung, vernünftig mit ihm reden zu können. Aber Annies Reaktion auf ihr Erscheinen hatte ihr Mut gemacht. Noch war nicht alles verloren. Sie musste den anderen vor Augen führen, wie absurd es war, was sie hier taten, absurd und böse. Dann würden sie Cyril hoffentlich den Gehorsam verweigern.

242 what the heck: was, zum Teufel 243 hi everybody: hallo zusammen 244 to fraternise: sich verbrüdern
245 grim: hart, traurig, düster

Exercise 54

Present Perfect. Setze in den folgenden Sätzen das Verb im Present Perfect ein.
Zum Beispiel: *They* ____________ *(see) him.* → *They've seen him.*

1. *You* ____________ *(decide) to fraternise with your bloodsucking hosts.*
2. ____________ *she* ____________ *(write) the letter to her grandma?*
3. *I* ____________ *(lose) my keys.*
4. *Dani* ____________ *never* ____________ *(be) to England before.*

Am besten, sie versuchte es mit einem Scherz.

„So, what are you guys[246] doing here? Playing Cowboys and Indians?"

Ein Mädchen, das sie nicht kannte, kicherte. Das war schon mal gut. Darauf konnte Dani aufbauen. Jetzt wandte sie sich an Cyril, aber sie sprach laut genug, dass alle sie hören konnten.

„Did you tell them the same fanciful[247] story you've told me?", sie lachte und schaute sich dann augenzwinkernd um. „About vampires living right[248] next door[249] to you?"

Sie lachte schallend und bemerkte erfreut, dass einige ebenfalls – wenn auch verhalten – kicherten.

„Well, who doesn't like a good vampire story? I certainly do", fuhr sie fort. „But if you take any figment of the imagination[250] too far, you can lose your sense of reality[251]. And if someone gets hurt because of that, you're in serious trouble[252]."

„That's enough![253]", stieß Cyril zwischen zusammengebissenen Zähnen hervor. Er packte Dani grob am Arm, dann überlegte er es sich aber anders.

246 guys: Leute 247 fanciful: fantastisch, versponnen 248 right: *hier:* direkt 249 next door: nebenan 250 figment of the imagination: Hirngespinst, Einbildung 251 sense of reality: Realitätssinn 252 to be in serious trouble: in ernsthaften Schwierigkeiten sein 253 that's enough!: Schluss jetzt!, das reicht!

„Paul, Chris, you tie her up to[254] that tree over there."

Er deutete auf einen Baum, der gleich neben dem Laternenpfahl stand, an den Katie gefesselt war.

„But why …", begann Annie. Doch Cyril schnitt ihr das Wort ab.

„Why? You're asking me why? Let me tell you something about this girl here who seems to be so innocent[255]!", schrie er.

Annie hielt erschrocken den Mund.

„Why do you think it is that she didn't leave the Carpenters when she learned[256] that they are vampires? Well, it's quite obvious, isn't it? The reason is", er machte eine bedeutungsschwangere Pause, bevor er fortfuhr: „she's become one of them herself!"

Dani war so verblüfft, dass sie erst einen Moment später reagieren konnte.

„But that's absolutely ridiculous!", protestierte sie.

„Tie her up!", schrie Cyril, und Paul und Chris packten Dani an den Armen.

Dani wehrte sich mit aller Macht, und Cyril rief:

„You see this? Her supernatural[257] strength? It proves that she's a vampire, too!"

Dani lachte laut auf. Jetzt musste doch wohl auch der Letzte begriffen haben, dass Cyril völlig durchgedreht war! Aber niemand lachte, und als sie sich umsah, begegnete sie nur ernsten und sogar einigen ängstlichen Blicken.

Alles Aufbäumen nützte nichts: Paul und Chris waren einfach stärker als Dani, und so fand sie sich kurz darauf an den Baum neben Katie gefesselt wieder.

„Seems that we're no vampires after all, doesn't it?", sagte sie laut mit einem Seitenblick zu Katie, als sie wieder zu Atem gekommen war. „Far too few[258] muscles for supernatural powers."

„Shut up!", fuhr Cyril ihr über den Mund.

254 to tie someone up to something: jemanden an etwas festbinden 255 innocent: unschuldig, harmlos 256 to learn: *hier:* erfahren 257 supernatural: übernatürlich 258 far too few: viel zu wenig

Exercise 55

Fragen. Im Englischen werden Fragen oft mit einer *Mini-Frage* beendet, dem *question tag*. Zum Beispiel: *You haven't told her yet, have you?* Bilde Fragen mit *question tags* aus den folgenden Aussagen.

1. *Cyril isn't a nice guy, ____________?*
2. *Katie has tape on her mouth, ____________?*
3. *They are on an island, ____________?*
4. *He will see you tomorrow, ____________?*
5. *She went to London yesterday, ____________?*

Die anderen zogen sich weiter zurück. Ob vor Dani oder ihrem wütenden Anführer, wusste Dani nicht. Aber sie wusste, dass sie nicht aufgeben durfte. Cyril war wild entschlossen, wozu auch immer – der Scheiterhaufen und die Tatsache, dass er jetzt anfing, einen Stock mit seinem Messer anzuspitzen, ließen sie jedenfalls nichts Gutes ahnen.

Pantomime für Fortgeschrittene

Exercise 56

Wörtersuche. Findest du in diesem Kapitel die englischen Entsprechungen zu den folgenden deutschen Wörtern?

zwischen, Boden, entfernen, Gesicht, Knie, diesmal, fesseln

Dani durfte nicht zulassen, dass die anderen Cyril weiter gehorchten. Ob nun aus Angst vor den Vampiren oder vor Cyril, war im Endeffekt völlig egal.

Ein unterdrückter Laut zu ihrer Rechten riss Dani aus ihren Gedanken. Katies Augen blitzten, und ihr ganzer Körper stand unter Hochspannung, während sie versuchte, ihre Fesseln zu sprengen. Doch jetzt entspannten sich ihre Muskeln für einen Augenblick, und sie konzentrierte sich auf Dani. Sie nuschelte etwas, das Dani wegen des Klebebands um Katies Mund jedoch nicht einmal ansatzweise verstehen konnte. Doch das schien Katie auch gar nicht zu erwarten. Sie sah Dani durchdringend an, dann verdrehte sie ihre Augen nach unten.

Dani konnte ihren Kopf frei bewegen, und so schaute sie auf den Boden. Aber da war nichts. Als sie Katie wieder ansah, zog die die Augenbrauen zusammen und deutete etwas wie ein Kopfschütteln an. Dann blickte sie wieder nach unten.

„I can't see anything down there", flüsterte Dani.

Katie schloss für einen Moment die Augen, als würde sie nachdenken. Oder als verzweifelte sie allmählich, weil Dani so begriffsstutzig war.

„There's something down there … but not on the ground[259]", versuchte Dani die Sache einzugrenzen.

259 ground: Boden

Jetzt nickte Katie. Sie sah erst nach unten, dann nach oben.

„Something between the ground and …“, sagte Dani. Katie sah nun geradeaus und blinzelte ein paar Mal.

„… between the ground and your eyes!“, begriff Dani plötzlich. Katie nickte ansatzweise.

„Lower than your knees?“, tastete Dani sich näher heran.

Katie sah nach oben.

„Lower than your face?“

Katie sah wieder nach oben. Und nun machte sie auch wieder unverständliche Geräusche mit …

„Your mouth!“, sagte Dani, und Katie deutete ein Nicken an.

„You want me to remove the tape[260]?“

Katie nickte heftiger und murmelte wieder etwas. Und da verstand Dani: Wenn Katie wieder sprechen konnte, dann konnte sie sie beide vermutlich befreien. Oder besser: Sie konnte die anderen dazu bringen, sie zu befreien.

Dani wunderte sich, wie sie das hatte vergessen können. Schließlich hatte sie selbst gesehen, was Katie mit ihrer *Stimme* bewirken konnte. An dem Tag, als sie all die aufdringlichen Jungen, die ihr zum Supermarkt gefolgt waren, mit wenigen Worten in folgsame Schoßhündchen verwandelt hatte.

Aber Dani erinnerte sich jetzt auch wieder daran, wie schrecklich sie sich gefühlt hatte, als sie das mitansehen musste. Es war unheimlich und grausam gewesen – all diese willenlosen Menschen –, und sie hatte gehofft, so etwas nie wieder erleben zu müssen.

Und jetzt war Katies besondere *Stimme*, mit der Vampire sich Menschen gefügig machen konnten, womöglich ihre einzige Chance, zu entkommen.

Dani schaute zu den anderen hinüber. Sie diskutierten angeregt. Cyril fuchtelte wütend mit den Armen. Gut, so waren sie wenigstens beschäftigt.

260 tape: Band; *hier kurz für:* adhesive tape = Klebeband

Dani bewegte die Handgelenke. Die Fesseln waren erstaunlich locker gebunden – oder hatte Paul das mit Absicht gemacht? Wie auch immer, es dauerte nicht lange, bis Dani eine Hand freibekommen hatte. Wenn sie sich ganz befreien konnte und dann noch Katie … Aber nein, so viel Zeit würde sie nicht mehr haben. Die Diskussion war offenbar zu Ende, und wie es aussah, hatte Cyril wieder alles im Griff.

Dani streckte den freien Arm zu Katie aus. Wenn sie ein wenig Glück hatte, konnte sie das Ende des Klebebands an Katies Hinterkopf erreichen …

„What on earth are you doing?!", rief Cyril und rannte auf sie zu. Dani hatte nur noch Sekunden, um das Klebeband abzureißen. Sie reckte sich noch ein Stück, dann hatte sie das Ende des Bands in der Hand. Sie brauchte nur noch daran ziehen …

Dani ließ die Hand sinken. Katie starrte sie ungläubig an. Und Cyril befahl Paul:

„Tie her up again. And this time you'd better do it properly[261]!"

Exercise 57

Adverbien bilden. Kannst du zu den folgenden Adjektiven Adverbien bilden? Zum Beispiel: *nice – nicely*.

1. *wrong* ____________
2. *colourful* ____________
3. *loud* ____________
4. *silent* ____________
5. *horrible* ____________
6. *happy* ____________

261 to do something properly: etwas richtig machen

Die Stimmung kippt

Dani ließ sich widerstandslos festbinden, und diesmal zurrte Paul den Strick so fest, dass es weh tat.

Katies funkelnder Blick war ein einziger Vorwurf. Dani sah schnell weg.

Aber sie hatte es einfach nicht tun können. Sie wollte nie wieder die Macht der *Stimme* erleben, die Menschen zu willenlosen Opfern eines Vampirs machte. Auch wenn diese Vampirin hier ihnen sonst nichts Schlimmes antun würde – zumindest glaubte Dani das.

Außerdem wäre das das Ende der Carpenters in Crow Hill, denn es würde sich nicht auf Dauer verheimlichen lassen. Und Cyril würde nur umso wütender weiter gegen sie kämpfen.

Nein, Dani wollte einen letzten Versuch unternehmen, wenigstens ein paar von Cyrils Gefolgsleuten zu überzeugen.

Sie konnte nur hoffen, dass er nicht auf die Idee kam, ihr auch den Mund zu verkleben.

„Paul, do you really think that I'm a vampire?", sagte sie, während Paul sie fesselte.

Er schaute betreten an ihr vorbei.

„Of course not[262]", flüsterte er. „But I think that Katie might be one and that we have to prevent you from[263] helping her."

Dani nickte. Dann sagte sie laut in die Runde:

„I know that Cyril has put this bug in your ear[264]."

„No bug!", rief Cyril. „There's considerable evidence[265]!"

Jetzt hatte sie ihn. Er ließ sich auf eine Diskussion mit ihr ein. Und Dani war darauf vorbereitet.

„And what exactly is this supposed[266] evidence you're talking about?", fragte sie.

262 of course not: natürlich nicht 263 to prevent someone from doing something: jemanden daran hindern, etwas zu tun 264 to put a bug in someone's ear: jemandem einen Floh ins Ohr setzen 265 considerable evidence: erdrückende Beweise 266 supposed: vermutet, unterstellt

Cyril kam näher, und die anderen versammelten sich ebenfalls um sie.

„You know damn well[267] that the Carpenters don't ever leave their house in the daytime[268]. Nobody would voluntarily[269] live like that … unless they were vampires, who crumble into dust[270] when they are exposed to[271] sunlight!"

Exercise 58

Übersetzen. Kannst du die folgenden Sätze übersetzen?

1. *Er hat euch nichts von der Krankheit erzählt, oder?*

   ____

2. *Ich denke, Katie könnte ein Vampir sein.*

   ____

3. *Cyril will keine Vampire in der Nachbarschaft.*

   ____

Einige nickten, aber Dani sah auch zweifelnde Mienen.

„And this is your oh so[272] solid evidence[273]?", sagte sie, so ungläubig sie konnte, und schaute in die Menge.

„Which means that you didn't even consider erythro…" – verdammt, wieso fiel ihr jetzt das Wort nicht ein? – „… damn[274] … this very rare disease the Carpenters suffer from and which is the reason they have to avoid the sunlight at all costs[275]?"

Jetzt hatte sie ihn. Cyril wand sich.

„I don't know what you're talking about."

„You DO know!", rief Dani. „We talked about it just the other day[276]!"

267 damn well: sehr gut, verdammt gut 268 in the daytime: am Tag 269 voluntarily: freiwillig 270 to crumble into dust: zu Staub zerfallen 271 to be exposed to something: etwas ausgesetzt sein 272 oh so: ach so (*ironisch; wie in:* „dein ach so sicherer Beweis") 273 solid evidence: handfester Beweis
274 damn: Mist! 275 at all costs: koste es, was es wolle 276 the other day: neulich, vor kurzem

Die anderen begannen zu tuscheln und warfen Cyril stirnrunzelnde Blicke zu. Das war gut.

Weniger gut war, dass Cyril jetzt die Rolle mit dem Klebeband nahm und ein Stück abrollte.

Schnell redete Dani weiter:

„He didn't tell you about the disease, did he?"

„No!", rief Annie. „What kind of disease is this?"

Cyril hob den Streifen Klebeband, um ihn Dani über den Mund zu kleben.

„Let her speak", schaltete sich Paul ein.

„You can't tell me what to do[277]!", schrie Cyril und klebte das Band grob über Danis Mund. „She's a friend of those vampires and a liar[278]!"

Paul entfernte das Band wieder von Danis Mund.

„I want to hear what she has to say. Anybody else?"

„Me, too!" – „Yeah!" – „Let her finish[279]!", kam es von überall her.

Dani versuchte sich an alles zu erinnern, was sie über diese Krankheit wusste. Als Erstes fiel ihr glücklicherweise der Name wieder ein:

„Erythropoietic protoporphyria has something to do with an enzyme[280] that people suffering from this particular[281] disease lack[282]. The most serious[283] effect is that they suffer tremendous[284] pain[285] as soon as their skin[286] is exposed to sunlight."

Als die anderen ungläubig zu murmeln begannen, sagte Dani schnell:

„I couldn't imagine that, either. But then I read about it on Wikipedia. You can look it up yourself, anytime[287]."

Das Murmeln verstimmte. Dann hörte man eine einzelne Stimme:

„And you knew about all this, Cyril?!"

Cyril konnte offenbar nicht fassen, wie sich die Stimmung gedreht hatte.

„Can't you see what she's doing?!", schrie er. „She's trying to fool you[288]! But that's not the only proof[289] I have! There's a lot more evidence for the Carpenters being vampires than that!"

277 you can't tell me what to do: du hast mir gar nichts zu sagen 278 liar: Lügner/in 279 let her finish!: lass sie ausreden! 280 enzyme: Enzym 081 particular: speziell, bestimmt 282 to lack: nicht haben, fehlen 283 serious: schwerwiegend 284 tremendous: enorm, schrecklich 285 to suffer pain: Schmerzen leiden 286 skin: Haut 287 anytime: jederzeit 288 to fool someone: jemanden einwickeln 289 proof: Beweis

Jetzt wurde Dani etwas mulmig. Hoffentlich konnte sie all seine Anschuldigungen entkräften!

„They sleep in coffins", begann Cyril.

Exercise 59

Fragen. Kannst du aus den folgenden Aussagesätzen Fragen machen? Zum Beispiel: *She likes inline skating → Does she like inline skating?*

1. *They sleep in coffins.*

   ____

2. *Annie is on Katie's side.*

   ____

3. *Dani will help Katie.*

   ____

4. *You are wet all over[290]!*

   ____

„Did you see the coffins?", rief Annie.

Cyril ignorierte den Einwurf und fuhr fort:

„They're much stronger than human beings." Er sah sich triumphierend um. „As you well know yourselves, since you have experienced it first hand[291] when we captured that vampire!" Er deutete anklagend auf Katie, die inzwischen ganz gelassen wirkte.

Diesmal musste Dani nicht einmal eingreifen – Annie antwortete stattdessen:

290 wet all over: klatschnass 291 to experience something first hand: etwas am eigenen Leib erfahren

„If you tried to take me captive[292], I'd gather all my strength[293], too!"

„Exactly[294]." – „True[295]." – „Yep[296]!", kam es von allen Seiten.

Zuerst dachte Dani, Cyril würde durchdrehen. Aber im letzten Moment gewann er seine Beherrschung zurück. Und er lächelte triumphierend.

Dani wusste, dass er jetzt seinen letzten Trumpf ausspielen würde. Und sie hatte keine Ahnung, ob es ausreichte, was sie ihm entgegenzusetzen hatte.

292 to take captive: gefangen nehmen 293 to gather all one's strength: all seine Kräfte zusammennehmen 294 exactly: genau 295 true: *hier:* genau 296 yep: ja *(umgangssprachlich)*

Cyrils letzter Trumpf

Exercise 60

Adjektive suchen. Unterstreiche alle englischen Adjektive auf den nächsten zwei Seiten.

„Well, let's assume[297] this girl is right and none of my previous[298] arguments[299] is completely watertight[300]", sagte er. „But there's one thing left she can't argue away[301]." Er wandte sich nun direkt an Dani.

„Isn't it true that this vampire there", er deutete auf Katie wie ein Ankläger in einem Mordprozess, „has the *voice?*"

„What do you mean, the *voice*?", fragte Dani, um Zeit zu gewinnen. Natürlich wusste sie ganz genau, was Cyril meinte.

„You know very well what the *voice* is!", schrie Cyril sie an. „Vampires use a special kind of voice to turn human beings into mere puppets in their hands[302]!"

Vor diesem Moment hatte Dani höllische Angst gehabt. Wenn irgendjemand von den Anwesenden dabei gewesen war, als Katie ihre *Stimme* vor dem Supermarkt eingesetzt hatte … Dani meinte, keinen von ihnen damals gesehen zu haben – aber sie war nicht sicher. Sie konnte es nur hoffen. Und auch, dass Katie ihre *Stimme* nicht schon vorher einmal in der Öffentlichkeit eingesetzt hatte …

Sollte auch nur ein Einziger diese Sache bestätigen können, hatte Dani keine Chance.

„Well, Cyril, you don't really expect me to react to[303] such a ridiculous allegation[304], do you?" Und bevor er antworten konnte, wandte sie sich an die anderen.

297 to assume: annehmen, unterstellen 298 previous: bisherig 299 argument: Beweis; Streit; Meinung 300 watertight: wasserdicht 301 to argue away something: etwas wegdiskutieren 302 to be a mere puppet in someone's hands: eine (willenlose) Puppe in jemandes Händen sein 303 to react to something: auf etwas eingehen 304 allegation: Anschuldigung

„Let me ask you a question instead[305]: Why do you think Cyril is so eager[306] to convince everybody that Katie is a vampire?"

Wieder ließ sie niemandem Zeit zu antworten, sondern redete gleich weiter:

„I'll tell you why. The reason is quite a trivial[307]one. He's keen on Katie, but she turned him down[308]!"

Das war nur eine Vermutung gewesen, aber als Dani Cyrils Gesicht sah, merkte sie, dass sie ins Schwarze getroffen hatte. Sie ergänzte noch: „And that's why he's made up[309] this ludicrous[310] vampire story", – aber das ging schon im allgemeinen Aufruhr unter.

Cyril stürzte sich wutschnaubend auf Dani, wurde aber von Paul und einem anderen Jungen zurückgehalten, bevor er sie ohrfeigen konnte. Die anderen hatten offenbar ihre Angst vor Katie verloren – schließlich hatte Cyril keinen einzigen echten Beweis in der Hand gehabt – und waren jetzt nur noch wütend auf Cyril. Und wohl auch auf sich selbst, weil sie sich von ihm so hatten einwickeln lassen.

Exercise 61

Hauptsache Hauptwort! Bilde Nomen zu den folgenden Verben. Manchmal sind auch mehrere Nomen möglich!
Zum Beispiel: ***explain – explanation.***

1. *discover* ____________________
2. *organise* ____________________
3. *hunger* ____________________
4. *differ* ____________________
5. *cook* ____________________

305 instead: stattdessen 306 eager: verbissen; begierig 307 trivial: banal, alltäglich 308 to turn someone down: jemandem eine Abfuhr erteilen 309 to make up something: etwas erfinden 310 ludicrous: lächerlich

Während alle durcheinander schrien, band Annie Danis Fesseln los.

„I'm so sorry, Dani", sagte sie. „I really don't know how I could ever have fallen for[311] Cyril's made-up story[312]."

„It's okay", sagte Dani, und das meinte sie ernst. Denn während sie mit Cyril gestritten und die Reaktionen der anderen beobachtet hatte, war ihr auch klargeworden, wie das alles hatte passieren können. Und auch, wenn die Sache mit der Krankheit gestimmt hätte, wäre es wohl genau so abgelaufen.

„If someone is different and you don't know anything about them you're prone[313] to accept even the most far-fetched[314] explanations", sagte sie.

„You're absolutely right!", sagte Annie überrascht.

Sie wandte sich zu Katie, zögerte einen Augenblick, machte sich dann aber umso entschlossener an Katies Fesseln zu schaffen.

„Let me do it[315]", sagte Dani.

Annie nickte und trat zur Seite. Doch bevor sie zu den anderen ging, die immer noch aufgeregt durcheinander schrien, sagte sie zu Katie:

„I hope the two of us will get to know each other much better soon."

Dani meinte eine Träne in Katies Augen zu sehen.

Das war gut. Sehr gut. Rührung war sehr viel besser als Wut bei einer Vampirin, die man gerade befreite.

Während Dani die Seile löste, flüsterte sie Katie zu:

„Katie, I know, they treated[316] you really badly. But please don't use that *voice* after I've removed the tape. If you want to have the slightest chance[317] of staying in Crow Hill and maybe even make friends[318], you have to pull yourself together[319] right now."

Katie bewegte sich nicht, starrte Dani nur an. Und auch, als Dani das Klebeband entfernt hatte, sagte sie nichts. Dann räusperte sie sich, ging hinüber zu den anderen, die nun verstummt waren, und sagte, während Dani den Atem anhielt:

„Thank you for coming to your senses[320] at last."

Dann lief sie zum Ufer und sprang ins Wasser.

311 to fall for something: auf etwas hereinfallen **312** made-up story: Lügenmärchen **313** prone: geneigt, anfällig **314** far-fetched: weit hergeholt **315** let me do it: lass mich das machen **316** to treat: behandeln **317** the slightest chance: die geringste Chance **318** to make friends: Freundschaften schließen **319** to pull oneself together: sich zusammenreißen **320** to come to one's senses: zur Vernunft kommen

Die Stunde der Wahrheit

Dani atmete auf.

Katie hatte sich zusammengerissen, sie hatte nicht die *Stimme* eingesetzt – und sie hatte es geschafft, dass sich nun alle (außer Cyril, natürlich) dafür schämten, dass sie so etwas Furchtbares über die Carpenters auch nur hatten denken können.

Dani sprang ebenfalls ins Wasser und schwamm hinter Katie her. Aber Katie war sehr viel schneller als sie und erreichte das andere Ufer lange vor ihr.

Würde sie dort auf Dani warten? Dani war sich nicht sicher. War Katie wütend? Und wenn ja: nur auf die, die sie entführt hatten, oder auch auf Dani? Wie würde es jetzt mit ihrer Freundschaft weitergehen? Jetzt, wo Katie wusste, dass Dani wusste …

Aber trotz allem, was Dani inzwischen über Vampire gelernt hatte, und obwohl sie es gerade mit einer emotional sehr aufgewühlten Vampirin zu tun hatte, hatte sie doch keine Angst vor Katie. Denn sie waren Freundinnen, Vampir hin oder her.

Und so kletterte Dani keuchend, aber ohne Angst ans Ufer, wo die Vampirin mit den grün lodernden Augen schon auf sie wartete.

„You knew it all along[321]?“, fragte Katie fassungslos.

Dani wrang ihr nasses T-Shirt aus und schlüpfte in ihre Jeans.

„No, not all along.“

„But …“, Katie warf die Arme in die Luft, „why …“

„You want to know why I haven't told you yet?“, fragte Dani.

„No“, flüsterte Katie. Sie ließ sich auf einen umgestürzten Baumstamm sinken. „I want to know why you didn't run like hell[322] the moment someone told you the truth.“

321 all along: die ganze Zeit 322 to run like hell: rennen, als wäre der Teufel hinter einem her

Exercise 62

Redewendungen. Findest du die deutschen Entsprechungen der folgenden englischen Redewendungen? Verbinde sie mit Strichen. Zum Beispiel: ***run like hell – rennen, als wäre der Teufel hinter einem her.***

to find a way	*die Nase von etwas voll haben*
to compare apples and oranges	*in Teufels Küche kommen*
to have pots of money	*grün vor Neid werden*
to be fed up with something	*Geld wie Heu haben*
to be green with envy	*sich zu helfen wissen*
to get into hot water	*Äpfel mit Birnen vergleichen*

Dani setzte sich neben Katie.

„Nobody told me. In fact, I figured it out for myself[323]. All the facts were there, right under my nose[324]. But I didn't dare[325] to draw the obvious conclusion[326] before …", sie legte Katie einen Arm um die Schultern, „… before I was dead certain[327] that you'd never do anything to harm me in any way."

Katie liefen Tränen übers Gesicht.

„I wanted to tell you right from the start!", schluchzte sie. „But Mum and Dad … they didn't trust you. They've learned not ever to trust any human being."

„Don't be too hard on them[328]", sagte Dani. „I guess they've had plenty of time to have innumerable[329] bad experiences?"

Katie lachte.

„You can say that again![330] Mum is 154 years old now, and Dad was born in 1564."

323 to figure something out for oneself: etwas selbst herausfinden. 324 right under my nose: direkt vor meiner Nase 325 to dare: wagen 326 to draw the conclusion: den Schluss ziehen 327 dead certain: absolut sicher 328 to be too hard on someone: zu streng zu jemandem sein 329 innumerable: unzählige 330 you can say that again: das kannst du laut sagen

Eine Weile saßen sie schweigend nebeneinander. Dani wusste nicht, wie sie es anfangen sollte. Aber es gab da eine Sache, die ihr auf dem Herzen lag, seit sie begriffen hatte, dass sie ihre Ferien bei Vampiren verbrachte. Zwischendurch hatte sie es immer wieder verdrängt – und es hatte ja auch keine Spuren gegeben –, aber nun war die Stunde der Wahrheit da und sie konnte es nicht länger hinausschieben. Denn sie wusste, dass sie mit allem fertigwerden konnte, was Vampire betraf – nur mit einem nicht.

Ihre Stimme zitterte, als sie Katie die wichtigste Frage von allen stellte:

„Katie, what about[331] … the blood?"

331 what about … : was ist mit …

Moderne Vampire

Mit allem hatte Dani gerechnet: mit Ausflüchten, erbostem Leugnen, peinlichem Schweigen. Aber nicht damit, dass Katie sich in einem Lachkrampf winden würde, bis sie fast erstickte.

Zuerst war Dani einfach nur verblüfft, doch je länger Katie vor Lachen kreischte, desto wütender wurde sie.

„That's not funny!", rief sie schließlich. „I've been thinking about that constantly[332]! And I am concerned about that[333]!"

„Sure", japste Katie. Sie wischte sich die Lachtränen aus den Augen.

„And you shall learn[334] the truth and nothing but the truth about it." Sie kicherte noch einmal. „I'm sorry, Dani, but you should've seen your face!"

„If you think blood sucking is funny, then we don't have as much in common with one another as I thought!"

Exercise 63

Gegensätze ziehen sich an. Findest du die Gegensatzpaare in den folgenden beiden Wortlisten? Zum Beispiel: ***here – there.***

1. *modern – add – adult – together – before – best – clever*
2. *worst – subtract – after – apart – stupid – old-fashioned – child*

Da wurde Katie ernst.

„I'm sorry. But we're modern vampires like almost all vampires on earth today."

332 constantly: ständig 333 to be concerned about something: über etwas besorgt sein 334 to learn: *hier:* erfahren

„And what's that supposed to mean?[335]", fragte Dani.

„That means", sagte Katie und drückte Danis Hand, „that we don't feed on[336] any blood at all."

Dani war so erleichtert, dass sie laut aufseufzte.

„But how can you … ?"

„Well", sagte Katie. „Some of us may be quite old, but we don't live under a rock[337]. There are many scientists among us, and the findings[338] of modern nutritional science[339] allow us to have a balanced diet[340] without feeding on blood from other living creatures. We can live on steaks and other food instead."

„Such as[341] juice from red berries[342]", ergänzte Dani.

„That's right."

Dani seufzte noch einmal, und alle Anspannung, alle Befürchtungen der letzten Tage fielen nun endgültig von ihr ab.

„All's well that ends well[343]", sagte sie.

„Now that you say that", sagte Katie, „I think we should be going home now. Will and Joanna are probably worried sick[344] about us by now – and you're in dire need of[345] a hot bath."

Und erst jetzt, wo alles vorbei war, merkte Dani, dass sie in ihren nassen Klamotten erbärmlich fror.

335 what's that supposed to mean?: was soll das bedeuten? **336** to feed on: sich ernähren von **337** to live under a rock: hinterm Mond leben **338** findings: Erkenntnisse, Ergebnisse **339** nutritional science: Ernährungswissenschaft **340** to have a balanced diet: sich ausgewogen ernähren **341** such as: wie zum Beispiel **342** berry: Beere **343** all's well that ends well: Ende gut, alles gut (*auch Titel einer Komödie von Shakespeare)* **344** to be worried sick: krank vor Sorge sein **345** to be in dire need of something: etwas dringend brauchen

Nur eine Frage der Zeit

„She knows everything“, sagte Katie zur Begrüßung, als sie das Haus betraten.

Will schaute verlegen zu Boden, und Joanna sah bestürzt aus. Aber das änderte sich sofort, als sie hinter Katie die nasse Dani entdeckte: Sie konnte sich kaum noch auf den Beinen halten, so sehr zitterte sie.

„Oh dear, you need a hot bath right away!“, rief sie. Aber Dani zitterte einfach nur weiter.

Exercise 64

Außenseiter. Eins der Wörter in jeder Reihe passt nicht zu den anderen. Findest du es?

1. *his* *had* *mine*
2. *wall* *hole* *gap*
3. *hot* *warm* *nice*
4. *butter* *wine* *juice*
5. *novel* *story* *part*

„Now that you know, it doesn't matter[346] anyway“, murmelte Joanna, nahm Dani auf die Arme – und trug sie die Treppe hoch, als wäre sie nicht schwerer als ein Kätzchen. Im Bad drehte sie das warme Wasser auf und gab nach Rosen duftenden Badeschaum dazu.

346 it doesn't matter: es macht nichts, es ist egal

Dani zog sich schnell aus und stieg ins Wasser, bevor Joanna sie eigenhändig in die Wanne setzen konnte.

„Ah, that feels good“, seufzte Dani genüsslich, obwohl das heiße Wasser auf ihrer kalten Haut wie Feuer brannte.

Joanna setzte sich und musterte Dani besorgt.

Exercise 65

Falsche Freunde. Das englische Wort *art* sieht aus wie das deutsche Wort *Art*, bedeutet aber etwas ganz anderes, nämlich *Kunst*. Kannst du die folgenden *Falschen Freunde* übersetzen?

1. *dose*	____________	*Dose*	____________
2. *mist*	____________	*Mist*	____________
3. *rock*	____________	*Rock*	____________
4. *for*	____________	*vor*	____________
5. *list*	____________	*List*	____________

Dani musste lachen. Eine 154 Jahre alte Vampirin im bodenlangen schwarzen Gewand saß auf einem Klodeckel und sorgte sich um ein frierendes Menschenmädchen!

„I'm okay“, versicherte sie Joanna.

Joanna wiegte zweifelnd den Kopf.

„It's just … you humans are so vulnerable[347]“, sagte sie. Doch dann lächelte sie. „But it is really a relief[348] that you know about our true nature[349] now! It's so exhausting[350] having to pretend all the time to be somebody different from who you really are …“

347 vulnerable: verletzlich, anfällig 348 relief: Erleichterung 349 nature: Wesen, Art, Eigenschaft
350 exhausting: anstrengend, ermüdend

Eine Weile schwiegen beide, aber es war ein gutes, ein freundschaftliches Schweigen. Dann sagte Dani:

„Joanna, may I ask you a personal question?“

Joanna zögerte nur einen winzigen Moment, bevor sie nickte.

„Well“, sagte Dani, „Katie told me about your diet[351] and that you don't actually need any blood. But since you're vampires, shouldn't you at least have ... well, long fangs[352]?“

Joanna lächelte und tippte sich an einen ihrer ganz normal aussehenden Eckzähne.

„These are crowns[353]“, sagte sie. „There are some very talented dentists[354] among us. But we hope that sooner or later[355] evolution will free us from those pointed[356] fangs. As well as some other restrictions.“

„But that could take ages[357]!“, rief Dani und stand auf.

Joanna reichte ihr ein Handtuch.

„Well, we vampires have plenty of time[358], don't we?“, sagte sie lächelnd.

351 diet: Ernährung **352** fang: Eckzahn **353** crown: Krone (*hier:* für Zähne) **354** dentist: Zahnarzt **355** sooner or later: über kurz oder lang **356** pointed: spitz **357** to take ages: ewig dauern **358** plenty of time: viel Zeit

Schöne Aussichten?

Dani kam sich allmählich selbst schon fast wie ein Vampir vor – zumindest wurde sie an diesem Abend überhaupt nicht müde. Es gab so viel zu fragen! Aber dazu kam sie kaum, denn die Carpenters erzählten unentwegt. Viel zu lange hatten sie mit niemandem mehr offen reden können, und das holten sie jetzt nach. Und Dani hörte ihnen gebannt zu.

Als Erstes musste Katie erzählen.

„But how could that boy take you hostage?!", wollte Will wissen. „He's so weak!"

Es klang weniger besorgt als vielmehr empört, aber Katie hatte eine gute Erklärung parat.

Exercise 66

Verben finden. Unterstreiche alle englischen Verbformen in den nächsten drei Absätzen.

„Well, he came over[359] and told me that Dani had had a skating accident[360] in the park. She supposedly[361] couldn't get up and he wanted to show me where she was."

Katie schüttelte den Kopf über sich selbst.

„I was so shocked[362], I didn't even think about why he hadn't called an ambulance[363]. I just followed him. But when we reached the lake down in the park, there suddenly were a lot of boys and girls who came out of the wood[364] and shackled[365] me. And that boy Cyril", sie spuckte den Namen förmlich aus, „prevented me from[366] using the *voice* by taping my mouth."

359 to come over: rüberkommen 360 accident: Unfall 361 supposedly: angeblich 362 shocked: bestürzt 363 ambulance: Kranken-, Rettungswagen 364 to come out of the wood: aus der Deckung kommen 365 to shackle: fesseln 366 to prevent someone from (doing) something: jemanden an etwas hindern

Katie seufzte. „Unfortunately, he was quite aware of[367] the strength of vampires. They didn't stop before I was completely wrapped up."

„Oh Katie!", rief Joanna aus. „Had we but known![368] It never crossed our mind[369] that you might be needing help. We were only gradually beginning to worry about Dani."

„If it hadn't been for her[370]", sagte Katie düster, „I don't know what they would have done to me. It was Dani's power of persuasion[371] that changed their minds in the end."

Exercise 67

Genitiv. Bilde aus den folgenden Wörtern Genitive auf -s, zum Beispiel: ***Dani power → Dani's power.***

1. *the men beards* ____________________
2. *the books covers* ____________________
3. *Cyril hands* ____________________
4. *the children play* ____________________
5. *James idea* ____________________

„So Dani has a powerful voice as well", sagte Will, aber niemand lachte.

„It's always the same", sagte Joanna leise. „The humans around us become suspicious[372] and then they start opposing us[373]." Sie stützte sich schwer auf den Tisch, als sie aufstand. „So it's time to move again."

In diesem Augenblick klingelte es an der Haustür.

Katie war zuerst an der Tür und riss sie auf, aber Dani war gleich hinter ihr.

367 to be aware of something: sich etwas bewusst sein 368 had we but known!: wenn wir das gewusst hätten! 369 to cross one's mind: jemandem in den Sinn kommen 370 if it hadn't been for her: wenn sie nicht gewesen wäre 371 power of persuasion: Überzeugungskraft 372 to become suspicious: Verdacht schöpfen 373 to oppose somebody: sich gegen jemanden wenden

Wer mochte das sein? Die Polizei? Oder die wütenden Eltern derjenigen, die Katie eben noch gefesselt und gefangen gehalten hatten?

Es war Annie, und sie war allein.

„Hi“, sagte sie, „I’d like to talk to you. May I come in?“

Die letzte Geheimnis

„Remember Mum's face when Annie entered our living room?" Katie konnte sich kaum halten vor Lachen. „I'll never forget the way she gaped at[374] her!"

Dani tat vom Lachen schon das ganze Gesicht weh.

„But Annie's expression[375] when Will said, 'Welcome, fair maiden[376]' was priceless[377], too."

Es war mittlerweile drei Uhr nachts, und die beiden lümmelten sich auf Katies Bett. Dani war viel zu aufgedreht, um zu schlafen – aber das war nichts im Vergleich zu der Aufregung, die die Carpenters nach Annies Besuch befallen hatte.

Denn Annie war gekommen, um sie alle für den nächsten Abend zu einem gemütlichen Nachbarschaftsgrillen einzuladen, „as soon as the sun goes down", wie sie lächelnd hinzugefügt hatte. Und seitdem herrschte Ausnahmezustand im Hause Carpenter:

Joanna stand in der Küche und zauberte allerlei Köstlichkeiten, unter anderem ein Himbeer-Johannisbeer-Sorbet nach einem streng geheimen Rezept. Will hatte sich in sein Arbeitszimmer zurückgezogen und arbeitete wahrscheinlich an einer angemessenen Rede für den morgigen Abend. Und Katie brach immer wieder aus heiterem Himmel in Gelächter aus.

Dani freute sich wie verrückt für die drei. Damit hatten die Carpenters nicht im Traum gerechnet, und auch Dani war total überrascht gewesen über Annies Einladung.

Mit einem Mal wurde Katie ganz still. Als sie Dani anschaute, waren ihre Augen feucht.

„All of this we owe to you[378]", sagte sie.

Dani winkte ab.

„You're wonderful people and it's about time[379] that your neighbours learn that, too."

374 to gape at someone: jemanden fassungslos anstarren 375 expression: (Gesichts-)Ausdruck
376 fair maiden: holde Maid (*altertümlich*) 377 priceless: unbezahlbar 378 to owe something to somebody: jemandem etwas verdanken 379 it's about time: es ist höchste Zeit

Katie umarmte Dani.

„I'll be going to miss you[380]", flüsterte sie.

Exercise 68

Satzsalat. Die Wörter in den folgenden Sätzen sind völlig durcheinandergeraten. Kannst du sie wieder in die richtige Reihenfolge bringen?

1. *going be you miss I'll to*
2. *wonderful are you people*
3. *wear should I tomorrow what?*
4. *time your to look take around*

Dani räusperte sich, damit der Kloß in ihrem Hals verschwand.

„We have three more days … erm, nights left. That's a lot of time!"

„When you're right, you're right[381]." Katie atmete tief durch, dann lächelte sie verschmitzt. „And now let's turn our attention to something of real importance, what should I wear tomorrow?"

Dani ließ Katie mit ihrem Kleiderschrank allein, um zur Toilette zu gehen. Sie lächelte vor sich hin. Unglaublich, aber es schien so, als sei am Ende alles noch gut geworden.

„All's well that ends well", flüsterte Dani vor sich hin. Und in diesem Moment durchzuckte es sie wie ein Blitz. Plötzlich hatte sie einen ungeheuerlichen Verdacht. Und, ja, es passte alles zusammen! Obwohl es natürlich unmöglich war … Aber dass es Vampire geben könnte, hatte sie vor wenigen Tagen ja auch noch nicht für möglich gehalten.

380 to miss someone: jemanden vermissen 381 when you're right, you're right: wo du Recht hast, hast du Recht

Dani wusste, sie würde nicht schlafen können, bevor sie sich vergewissert hatte. Und so ging sie nicht zurück in Katies Zimmer, sondern klopfte an Wills Tür.

„Come in!“

Dani war noch nie in Wills Arbeitszimmer gewesen. Sie stand einfach da und staunte. So viele Bücher!

Und so viele Fotos! Sie trat auf eine Wand zu, die fast vollständig mit Fotos und Zeitungsausschnitten bedeckt war.

„Take your time[382] to look around“, sagte Will, aber sie hörte ihn kaum. Das war doch George Clooney da auf dem Foto! Und er hatte es signiert:

„To the world's best writer.“

Dani drehte sich zu Will um.

„So you're famous[383] ...“ Aber dann blieben ihr die Worte im Hals stecken, als sie den ganz besonderen Briefbeschwerer bemerkte, der vor Will auf einem Stapel loser Blätter auf dem Schreibtisch stand.

„Is this a real one?“, hauchte sie.

Will nickte schmunzelnd.

„Feel free[384] to touch it.“

Es war eine Statue, wie Dani sie schon oft im Fernsehen gesehen hatte. Ein goldener Mann, den man gemeinhin „Oscar“ nannte: der wichtigste Filmpreis der Welt.

Dani konnte nichts sagen. Sie blickte zwischen Will und dem Oscar hin und her. Dann stellte sie ihn ab und trat an das Bücherregal.

Dort standen neben unzähligen Büchern – hier und da gestützt von einem weiteren Oscar – auch mehrere Standordner mit Drehbüchern. Die Filme kannte Dani alle, sie waren weltberühmt. Und obwohl auf allen Manuskripten unterschiedliche Namen standen, so war sie doch ganz sicher, dass sie alle von demselben Autor geschrieben worden waren.

Einem Autor, der unerkannt bleiben wollte.

382 take your time: lass dir (ruhig) Zeit 383 famous: berühmt 384 feel free to do it: du kannst das ruhig tun

Der unerkannt bleiben musste.

„You wrote them, all of them“, sagte sie leise, und es klang nicht wie eine Frage. Trotzdem antwortete Will.

„I hope you'll keep my secret“, sagte er. „It is one of the most closely guarded[385] ones in the world. But then[386] you're used to keeping much profounder secrets[387], aren't you?“

Dani nickte. „You can count on me.“ Sie ließ Will nicht aus den Augen, als sie hinzufügte:

„I won't tell anybody that you were born in 1564.“

Nach einer Schrecksekunde lachte Will.

„I'm glad to hear that.“

„And I won't tell anybody what your real name is“, sagte Dani und zwinkerte ihm zu.

„You're a girl with a vivid imagination“, sagte Will. „Have you ever thought of[388] becoming a writer some day?“

„Only if the best writer ever[389] taught me“, sagte Dani.

„As you like it[390]“, antwortete Will.

Exercise 69

Wahr oder falsch? Eine der folgenden Aussagen ist falsch. Findest du heraus, welche?

1. *Will earns a living[391] writing scripts[392].*
2. *Paul's family invites the Carpenters.*
3. *Will's won several „Oscars“.*
4. *Modern vampires don't feed on blood.*

385 closely guarded: streng bewacht, gut gehütet 386 but then: andererseits 387 profound secret: strenges Geheimnis 388 have you ever thought of …: hast du schon mal daran gedacht, … 389 ever: *hier:* aller Zeiten 390 as you like it: wie es euch gefällt *(Titel einer Komödie von Shakespeare)* 391 to earn a living: seinen Lebensunterhalt verdienen 392 script: Drehbuch

Nachbemerkung:

William Shakespeare lebte von 1564 bis 1616. (Das denken zumindest die meisten – Dani ist da anderer Ansicht.) Er ist einer der wichtigsten Dramatiker der Weltliteratur. Seine Stücke werden heute noch überall auf der Welt gespielt und dienen immer wieder als Vorlage für neue Drehbücher.

Um Shakespeare rankten sich in der Vergangenheit immer wieder Gerüchte. Manche bezweifelten sogar, dass es ihn je gegeben hat, und vermuteten, dass seine Stücke von anderen Dramatikern der damaligen Zeit geschrieben wurden, zum Beispiel von Chris Marlowe. Das wird heute allgemein als Unsinn angesehen.

Aber das bedeutet ja nicht, dass es nicht noch das eine oder andere Geheimnis gäbe, was Shakespeare angeht …

Final Quiz

1. *Dani and Katie share a passion[393] for musicals. Which one is Dani's favourite and which one does Katie like best?*
2. *What is the Carpenters' favourite meal and what do they drink all day?*
3. *How old are Will and Joanna?*
4. *What does Dani find in the cellar?*
5. *Why is Cyril so keen on unmasking[394] the Carpenters as vampires?*
6. *What does Dani do to find out whether the Carpenters are vampires or not?*
7. *What does Joanna do to convince Dani that the Carpenters are ordinary people?*
8. *How can Dani convince the boys and girls who have captured Katie to let her go?*

393 passion: Leidenschaft 394 to unmask: entlarven

Lösungen

Übung 1: 1. this, 2. these, 3. those, 4. that, 5. this, that

Übung 2:

Infinitiv	Simple Past	Past Participle
beat	beat	beat, beaten
be	was, were	been
break	broke	broken
give	gave	given
speak	spoke	spoken

Übung 3: nasty, nuns, horrible, lost, comparison, movie, great

Übung 4:

bad	worse	worst
friendly	friendlier	friendliest
nice	nicer	nicest
funny	funnier	funniest
patient	more patient	most patient

Übung 5: century – Jahrhundert, day – Tag, week – Woche, fortnight – zwei Wochen, decade – Jahrzehnt, millennium – Jahrtausend, second – Sekunde

Übung 6: 1. tea = Tee, 2. lemonade = Limonade, 3. coffee = Kaffee, 4. hot chocolate = Kakao, 5. cocktail = Cocktail

Übung 7: 1. many, 2. much, 3. a little, 4. a few, 5. much

Übung 8: 1. have lived, 2. have been waiting, 3. have … been waiting, 4. have stored, 5. has planned

Übung 9: 1. handkerchief, 2. blue, 3. me, 4. why, 5. his

Übung 10: 1. both … and, 2. neither … nor, 3. either … or, 4. neither … nor, 5. either … or

Übung 11:	1. If you stay here, you'll regret it! 2. We'll visit the Globe Theatre if we travel to London. 3. If you see Jane tonight, tell her to give me a call.
Übung 12:	1. truth, 2. being, 3. force, 4. dying, death, 5. break
Übung 13:	1. lamp = Lampe, 2. candle = Kerze, 3. sunbeam = Sonnenstrahl, 4. shine = scheinen, leuchten, 5. switch on = anknipsen
Übung 14:	1. Does Katie cover up very carefully? 2. Don't you want to know the truth? 3. Has she been to Canada lately? 4. Is Cyril a nasty boy?
Übung 15:	1. ant, 2. dry, 3. liver, 4. sweet, 5. ice
Übung 16:	'm (am), may, help, 're (are), rearranging, see, go, get, told, are, didn't, believe, wanted, tell, go, don't, tell, know, look, see, flinging, does, look, have, figured out, is, has, do, know, are, work out, don't, get, had, find, compensating, did, turned, spend
Übung 17:	1. yourself (wenn es einer ist) / yourselves (wenn es mehrere sind), 2. herself, 3. himself, 4. themselves, 5. ourselves
Übung 18:	hold on – aushalten, warten, hold in – den Bauch einziehen, sich beherrschen, hold down – (Taste) gedrückt halten, hold back – (sich) zurückhalten, hold against – entgegenhalten, hold on! – warte!, festhalten!
Übung 19:	1. (that), 2. (that/which), 3. who/that, 4. who/that
Übung 20:	strong – weak, weird – ordinary, good – evil, night – day, black – white, happy – miserable, up – down
Übung 21:	1. I'm wondering why you're telling me that. 2. They're having an argument. 3. He is reading a book now. 4. You're always coming late!
Übung 22:	1. teeth = Zähne, 2. blood = Blut, 3. garlic = Knoblauch, 4. coffin = Sarg, 5. sunlight = Sonnenlicht
Übung 23:	1. is, 2. would, 3. is, 4. are, 5. have
Übung 24:	1. how, 2. what, 3. where, 4. who, 5. how, 6. when
Übung 25:	1. hut: Hütte, Hut: hat, 2. also: auch, also: so, 3. fast: schnell, fast: almost, 4. brand: Marke, Brand: fire, 5. all day: den ganzen Tag lang, alle Tage: every day

Übung 26: 1. anger, 2. engaged, 3. since, 4. before, 5. strong

Übung 27: 3 ist falsch: Es war Joanna, die in Ohnmacht fiel.

Übung 28: 1. ringing, 2. shining, 3. sweet, sweetie, 4. travel, travelling, traveller, 5. sender, sending

Übung 29: 1. I mustn't/I'm not allowed to go swimming today.
2. I must/have to cook today. 3. They had to cook yesterday.
4. He wasn't allowed to go swimming yesterday.

Übung 30: 1. report, 2. kind, 3. walk

Übung 31: 1. I don't know whether I can trust you. 2. I just want to warn you. 3. Go back home.

Übung 32: 1. chef: Koch, Chef: boss, 2. familiar: vertraut, familiär: family, informal, 3. meaning: Bedeutung, Meinung: opinion, 4. small: klein, schmal: narrow, 5. who: wer, wo: where

Übung 33: 1. gehen – Spaziergang, 2. tanzen – Tanz, 3. brauchen – Bedürfnis, 4. (ab)zählen – Anzahl; Graf

Übung 34: put on – anziehen, put forward – vorstellen (Uhr), put down – abstellen, -setzen, put together – zusammensetzen, -bauen, put through – durchstellen (am Telefon), put away – aufräumen

Übung 35: 1. women, 2. ways, 3. boxes, 4. cities, 5. shelves, 6. mice

Übung 36: 1. pink, 2. yellow, 3. green, 4. orange, 5. violet

Übung 37: anybody, exercise, mobile, pound, later, jump, shower, hardly

Übung 38:

D	U	M	B	**B**	E	L	L		
			M	**A**	T				
M	U	S	C	**L**	E	S			
	T	R	E	**A**	D	M	I	L	L
	R	U	N	**N**	I	N	G		
E	X	E	R	**C**	I	S	E		
	S	T	R	**E**	T	C	H		

Lösungswort: balance (Gleichgewicht)

Übung 39:

dirty	dirtier	dirtiest
dangerous	more dangerous	most dangerous
sweet	sweeter	sweetest
old	older	oldest
crazy	crazier	craziest

Übung 40: 1. easily, 2. easy, 3. sad, 4. slowly, 5. angrily

Übung 41: advice, consequences, vampire, chow, screaming, time, parents, play, parents

Übung 42: 1. 8 p.m., 2. about 3 p.m., 3. the day before yesterday, 4. the day after tomorrow, 5. at 7 a.m./ at 7 in the morning

Übung 43: your, you, them, them, I, that, I, who, we, that, we, they, me, I, I, you, I, you

Übung 44: bad – good, tired – alert, live – die, easy – hard, front – back, brave – shy, sell – buy, enter – exit

Übung 45: 1. seconds, 2. behind, 3. explain, 4. grey, 5. jump

Übung 46: 4. ist falsch: Cyril jagt Dani nicht, sie ist ganz allein unterwegs.

Übung 47:

catch	caught	caught
can	could	been able
hold	held	held
know	knew	known
lose	lost	lost

Übung 48: scare, nasty, tonight, answer, park, vampire hunter, take hostage

Übung 49: 1. Sammy will answer the question. 2. Will you get inline skates? 3. They will open the door.

Übung 50: 1. That's what I thought. 2. The girl was quite upset. 3. Please let him answer the question.

Übung 51:	here – there, salty – sweet, below – above, about – exactly, all – none , allow – prohibit, fix – break
Übung 52:	1. Nein, Dani trifft ein *junges* Pärchen.
Übung 53:	1. moon: Mond, 2. stars: Sterne, 3. dreams: Träume, 4. nightmare: Alptraum, 5. blanket: Bettdecke
Übung 54:	1. have decided, 2. Has … written, 3. have lost, 4. has been
Übung 55:	1. is he, 2. hasn't she, 3. aren't they, 4. won't he, 5. didn't she
Übung 56:	between, ground, remove, face, knees, this time, tie up
Übung 57:	1. wrong, 2. colourfully, 3. loudly, 4. silently, 5. horribly, 6. happily
Übung 58:	1. He didn't tell you about the disease, did he? 2. I think Katie might be a vampire. 3. Cyril doesn't want any vampires in the neighbourhood.
Übung 59:	1. Do they sleep in coffins? 2. Is Annie on Katie's side? 3. Will Dani help Katie? 4. Are you wet all over?
Übung 60:	previous, watertight, true, special, mere, ridiculous, trivial, ludicrous
Übung 61:	1. discovery, 2. organisation, 3. hunger, 4. difference, 5. cook, cooking
Übung 62:	to find a way – sich zu helfen wissen, to compare apples and oranges – Äpfel mit Birnen vergleichen, to have pots of money – Geld wie Heu haben, to be fed up with something – die Nase von etwas voll haben, to go green with envy – grün vor Neid werden, to get into hot water – in Teufels Küche kommen
Übung 63:	modern – old-fashioned, add – subtract, adult – child, together – apart, before – after, best – worst, clever – stupid
Übung 64:	1. had, 2. wall, 3. nice, 4. butter, 5. part
Übung 65:	1. dose: Dosis, Dose: can, 2. mist: Nebel, Mist: dung, 3. rock: Stein, Fels; Rock: skirt, 4. for: für, seit, denn; vor: before (zeitlich), in front of (räumlich), 5. list: Liste, List: trick
Übung 66:	came, told, had, had, couldn't, get, wanted, show, was, shocked, didn't, think, hadn't, called, followed, reached, were, came, shackled, prevented, using

Übung 67:	1. the men's beards, 2. the books' covers, 3. Cyril's hands, 4. the children's play, 5. James' idea
Übung 68:	1. I'll be going to miss you. 2. You are wonderful people. 3. What should I wear tomorrow? 4. Take your time to look around.
Übung 69:	2 ist falsch: *Annies* Familie lädt die Carpenters ein.

Final Quiz

1. *Dani loves the musical "Sister Act", whereas Katie likes "Phantom of the Opera" best.*
2. *The Carpenters prefer to*[395] *eat steaks and they drink all kinds of red juices.*
3. *Will is about 450 years old; he was born in 1564. Joanna is 154 years old.*
4. *Dani finds a lot of old stuff in the cellar including originals of some of Shakespeare's works.*
5. *Cyril has a crush on*[396] *Katie but she doesn't even notice him which makes him furious*[397]*.*
6. *Dani smells every bottle in the fridge*[398] *with a red liquid*[399] *and she presents garlic paste for dinner.*
7. *Joanna dresses up as a housewife, she prepares fish and chips and she pretends to be weaker than she really is.*
8. *Dani tells them about the rare disease the Carpenters supposedly suffer from. And she reveals that Cyril is obsessed with*[400] *Katie.*

395 to prefer: bevorzugen 396 to have a crush on somebody: auf jemanden stehen 397 furious: wütend, wild 398 fridge: Kühlschrank 399 liquid: Flüssigkeit 400 to be obsessed with: besessen sein von